미래교육에 필요한

회복탄력성

-이론과 실제-

신재한 · 김도경

서 문

　회복탄력성은 시련이나 고난을 이겨내는 긍정적인 힘이고, 성공은 어려움이나 실패가 없는 상태가 아니라 오히려 역경과 시련을 극복해낸 상태를 말한다. 회복탄력성이 높은 사람의 특징은 어려운 상황에서 상상력을 발휘하여 해결책을 모색하고, 기존의 것에 집착하지 않고 부딪칠 수 있는 다양한 삶의 변화를 언제든 수용하며 변화로부터 삶의 자극을 얻으려는 진취적인 태도를 가진다. 또한 역경을 겪었을 때 상처가 비교적 빠르게 치유되며 자신의 문제를 회피하지 않고 능동적으로 극복하고, 그 과정에서 유연성을 보여준다.

　특히, 회복탄력성은 영유아부터 아동, 청소년, 성인, 노인 등 생애주기별로 모두 필요한 구성요소를 가지고 있다. 일반적으로 회복탄력성 구성요소는 자기조절능력과 대인관계능력, 긍정성 등으로 구분하고 자기조절능력에는 감정조절력, 충동통제력, 원인분석력이 포함되고, 대인관계능력에는 소통능력, 공감능력, 자아 확장력이 포함되며, 긍정성에는 자아 낙관성, 생활만족도, 감사하기가 포함된다.

　한편, 본 저서는 크게 3부로 구성되어 있다. 1부는 미래교육에 필요한 회복탄력성의 전반적인 이해를 돕는 내용으로서 미래교육의 특징, 핵심 역량, 회복탄력성의 필요성 등으로 구성되었고 2부는 회복탄력성의 개념 및 요소를 다루어 회복탄력성의 개념, 구성요소, 위험 및 보호 요인, 검사도구 등으로 구성되었으며 3부는 생애주기별 회복탄력성 프로그램으로서 유아 대상 프로그램, 아동 및 청소년 대상 프로그램, 성인 대상 프로그램 등으로 구성되었다.

　본 저서는 미래교육에 필요한 핵심 역량을 향상하기 위해 필요한 회복탄력성의 전반적인 이론과 실제를 다루고 있기 때문에, 학부모, 교사 등에게 매우 유용할 뿐만 아니라, 실제 사례를 중심으로 구성되어 있어 누구든지 쉽게 이해할 수 있다. 따라서, 본 저서는 회복탄력성을 연구하고 현장에 실천하는 교육 전문가들에게도 많은 도움을 줄 것으로 기대한다. 아무쪼록 본 저서가 회복탄력성을 이해하고 실천하는 데 기초가 되는 기본 지침서가 되기를 바라는 마음이다. 끝으로 본서 출판에 도움을 주신 박영사 가족 여러분께 감사를 드린다.

2020년 12월

저자 대표 신재한

목 차

2부 회복탄력성 개념 및 요소

3부   생애주기별 회복탄력성 프로그램의 실제

CHAPTER 09   유아 회복탄력성 프로그램

CHAPTER 10   아동 · 청소년 회복탄력성 프로그램

1부

미래교육과
회복탄력성

CHAPTER

01

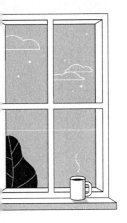

미래교육의 특징

4차 산업혁명 시대의 개념

현재 전 세계는 인공지능이 중심이 되는 '4차 산업혁명 시대'를 맞아 정치, 경제, 사회, 문화 등 다양한 분야에서 변화의 움직임이 대두되고 있다. 4차 산업혁명은 18세기 증기기관에 기초한 기계화혁명인 1차 산업혁명, 19세기에서 20세기 초 전기에너지에 기초한 대량생산혁명인 2차 산업혁명, 20세기 후반 컴퓨터와 인터넷 기반의 지식정보혁명인 3차 산업혁명과는 달리, 인공지능을 기반으로 한 사람, 사물, 공간을 초연결, 초지능화한 만물초지능 혁명이다(한경호, 2016). 결론적으로 말하자면 4차 산업혁명은 인공지능, 빅데이터, 사물인터넷, 클라우드, 3D 프린팅, 자율주행 자동차 등과 같이 소프트웨어와 데이터 기반의 지능 디지털 기술변환(intelligent digital technology transformation)에 의한 혁명이라 할 수 있다(Schwab, 2016).

특히, 4차 산업혁명 시대는 과학기술 간의 경계, 실재와 가상현실의 경계, 기계와 생명의 경계가 희미해지는 시대로서(조현국, 2017), 이전의 그 어떤 혁명보다도 가장 큰 변화를 가져올 것으로 예상할 수 있다. 즉, 기존의 현재 시장을 유지하면서 이뤄지는 현재 지향적인 형태의 지속적 혁신(sustaining innovation)과는 달리, 기존의 시장을 완전히 대체하는 미래 지향적 형태의 파괴적 혁신이라 할 수 있다(Downes & Nunes, 2014). 이러한 4차 산업혁명으로 인해 세계 각국은 빈부격차 심화로 인한 국가 간 불평등과 불균형 심화, 저출산 및 고령화로 인한 경제적 위기, 기존의 직업의 변화로 실업률 증가, 인간성 상실의 위기 등 많은 위기가 노출될 수 있다(박남기, 2017; 한은미, 2016; 조현국, 2017).

따라서, 4차 산업혁명 시대를 적극적으로 준비하고 대응할 수 있는 미래교육의 목적과 방향 탐색, 교수-학습 방법 개선, 미래 사회에 길러야 할 인재 역량

등 다방면으로 모색할 필요가 있다. 또한, 4차 산업혁명 시대는 현재 인간이 수행하고 있는 거의 대부분의 기능이 인공지능으로 대체될 것을 감안하면, 미래교육의 방향도 "두뇌(brain)"의 기능을 밝히는 신경과학, 뇌과학, 인지과학을 토대로 획기적인 패러다임 전환을 가져올 필요가 있다. 즉, 기존의 뇌과학, 심리학, 교육학 등을 융합한 형태로 새롭게 등장하는 교육신경과학(educational neuroscience)은 뇌과학적 지식인 뇌의 인지기능 및 구조를 이해하고, 다양한 실험 상황에서 발견된 연구결과와 일치하는 교육적 원리와 전략을 마련하여 그것을 실제 교육 현장에 적용함으로써, 모든 학습자들이 자신의 뇌기능을 활용하여 주도적으로 학습을 계획, 수행할 수 있도록 하는 데 목표를 둔 새로운 교육 패러다임이라 할 수 있다(Jensen, 2007; Ki, 2006).

2016년 다보스포럼에서 Schwab(2016)은 1차, 2차, 3차 산업혁명을 거쳐 4차 산업혁명의 도래를 주장하였다. 먼저 1차 산업혁명을 통해서 증기기관의 발명으로 수송 수단, 물과 증기를 이용한 생산 기계들을 사용하여 산업의 발전을 가져왔고, 2차 산업혁명을 통해 대량 생산을 가능하게 한 자동화를 가져왔다. 또한, 3차 산업혁명은 정보기술의 발달로 컴퓨터를 통한 자동생산 시스템을 구축하였다.

특히, 4차 산업혁명은 컴퓨팅과 통신의 대상이 사람과 사람을 넘어 사람, 사물, 공간으로 퍼져가는 수평적 네트워킹 확장인 '초연결성(hyper connectivity)', 인터넷과 모바일 플랫폼을 기반으로 사이버물리복합시스템(cyber physical system)과 인공지능을 주축으로 사회 시스템 간의 상호작용이 심화되는 수직적 네트워킹 확장인 '초지능성(hyper intelligence)' 등 [그림 1-1]과 같은 방향성을 가지고 있다.

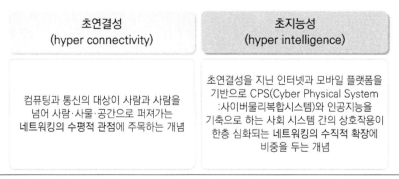

초연결성 (hyper connectivity)	초지능성 (hyper intelligence)
컴퓨팅과 통신의 대상이 사람과 사람을 넘어 사람·사물·공간으로 퍼져가는 네트워킹의 수평적 관점에 주목하는 개념	초연결성을 지닌 인터넷과 모바일 플랫폼을 기반으로 CPS(Cyber Physical System :사이버물리복합시스템)와 인공지능을 기축으로 하는 사회 시스템 간의 상호작용이 한층 심화되는 네트워킹의 수직적 확장에 비중을 두는 개념

[그림 1-1] 4차 산업혁명 시대의 방향성

02

4차 산업혁명 시대의 특징

4차 산업혁명의 특징을 1차, 2차, 3차 산업혁명과 비교해 보면 <표 1-1>과 같이 정리할 수 있다(성태제, 2017; 한동숭, 2016).

<표 1-1> 1, 2, 3, 4차 산업혁명의 비교 분석

구분	시기	에너지원	기술	주요 특징
1차 산업혁명	18세기	석탄, 물	증기기관	기계에 의한 생산
2차 산업혁명	19~20세기 초	석유, 전기	내연 연소기관 전기에너지	자동화에 의한 대량생산
3차 산업혁명	20세기 후반	핵에너지, 천연가스	컴퓨터, 로봇	반도체, PC, 인터넷, IT
4차 산업혁명	2015년 이후	친환경에너지	인공지능, 사물인터넷, 3D프린터, 유전공학	빅데이터, 융복합

특히, 세계경제포럼(World Economic Forum)의 창립자인 Schwab(2016)은 1차 산업혁명은 기계화, 2차 산업혁명은 전기화, 3차 산업혁명은 정보화, 4차 산업혁명은 인공지능화, 디지털과 물리세계와의 결합, 바이오 분야의 혁신 등 <표 1-2>와 같이 구분하고 있다. 즉, 4차 산업혁명은 인공지능, 로봇공학, 사물인터넷, 자율주행자동차, 3D 프린팅, 나노기술, 생명공학, 재료공학, 에너지 저장 기술, 퀀텀 컴퓨팅(quantum computing)의 발달 등 과학기술의 혁명적인 진보가 이루어지는 시대라고 볼 수 있다(임종헌, 유경훈, 김병찬, 2017).

<표 1-2> 1, 2, 3, 4차 산업혁명의 핵심 기술 및 내용

구분	핵심 기술	내용
1차 산업혁명	물, 증기 (water and steam power)	물과 증기를 이용한 증기기관을 활용, 생산성 향상
2차 산업혁명	전기 (electric power)	전기 에너지 이용을 통한 대량생산 체제 구축
3차 산업혁명	전자, 정보 기술 (electronics, information technology)	전자와 정보 기술을 이용한 자동화 및 디지털화
4차 산업혁명	디지털, 물리학, 생물학 (digital, physical, biological)	디지털 기술을 바탕으로 물리학, 생물학 결합

또한, Schwab(2016)은 4차 산업혁명 시대의 특징을 속도, 범위와 깊이, 체제 변화 등 세 가지 측면에서 <표 1-3>과 같이 설명하고 있다.

<표 1-3> 4차 산업혁명의 특징

구분	특징
속도 (velocity)	• 과학기술을 포함한 인간 삶의 변화 속도가 기하급수적 증가 • 각 분야들 간의 연계 및 융합 가속화
범위와 깊이 (breadth & depth)	• 디지털혁명을 기반으로 한 과학기술의 주도적 변화 • 사회, 경제, 문화, 교육 등 사회 전반의 광범위한 변화로 연결 • 인간의 정체성에 대한 철학적 사유 및 논의까지 요구하는 변화
체제 변화 (systems impact)	• 시스템 및 체제의 변화, 패러다임 변화 • 개인적인 삶, 국가 체제, 세계 체제 등 변화까지 연결

지금까지 살펴본 산업혁명의 변화 과정과 특징을 정리하면 [그림 1-2]와 같이 도식화할 수 있다(안종배, 2017).

1차 산업혁명	2차 산업혁명	3차 산업혁명	4차 산업혁명
18세기	19~20세기 초	20세기 후반	2015년~
증기기관 기반의 기계화 혁명	전기 에너지 기반의 대량생산 혁명	컴퓨터와 인터넷기반의 지식정보 혁명	IoT/CPS/인공지능 기반의 만물 초지능 혁명

[그림 1-2] 산업혁명의 변화 과정과 특징

03

4차 산업혁명 시대의 미래 직업의 변화

4차 산업혁명 시대의 가장 큰 변화는 미래사회에서의 직업에 대한 전망이다. WEF(2016)는 직업미래보고서에서 인공지능 기술 개발로 인해 202만 개의 새로운 직업을 창출하지만, 710만 개의 직업은 줄어들 것이라고 발표하고, 구체적인 직업군별 채용 증감 추이를 비교하면 <표 1-4>와 같다. <표 1-4>에서도 알 수 있듯이, 단순 반복적인 직업은 로봇이나 인공지능이 대체하지만, 오히려, 인성, 감성, 창의성을 요구하는 직업은 오히려 증가할 것으로 예상할 수 있다.

<표 1-4> 4차 산업혁명 시대에 따른 직업군별 채용 증감 추이 비교

(2015년-2020년, 단위: 천개)

감소 직업군	직업수	증가 직업군	직업수
사무, 관리	-4,759	마케팅, 금융	+492
제조, 생산	-1,609	경영	+416
건설, 채굴	-497	컴퓨터, 수학	+405

또한, 4차 산업혁명 시대에 고용의 변화를 상위 주요 직업과 하위 주요 직업을 비교해 보면 [그림 1-3]과 같이 정리할 수 있다.

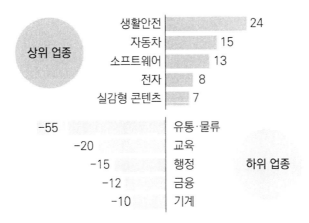

상위 업종	생활안전		24
	자동차		15
	소프트웨어		13
	전자		8
	실감형 콘텐츠		7
-55	유통·물류		
-20	교육		
-15	행정	하위 업종	
-12	금융		
-10	기계		

*상위 업종은 최상의 시나리오, 하위 업종은 최악의 시나리오 기준.
자료=딜로이트컨설팅

[그림 1-3] 4차 산업혁명 시대에 따른 고용의 변화

특히, 영국 BBC에서 4차 산업혁명 시대에 사라질 위험이 높은 직업으로 텔레마케터, 컴퓨터 입력요원, 법률 비서, 경리, 분류업무, 검표원 등 <표 1-5>와 같이 제시하고 있다. 또한, 4차 산업혁명 시대 직업별 인공지능 대체 비율을 살펴보면 청소원, 주방보조원, 매표원 및 복권 판매원 등의 순으로 가장 높고, 조사 전문가, 세무사, 큐레이터 및 문화재 보조원 등의 순으로 가장 높은 것으로 나타났다.

<표 1-5> 4차 산업혁명 시대 사라질 위험이 높은 직업(영국 BBC)

단위: 명

순위	직업	Job Title	위험성	종사자 수
1	텔레마케터	Telephone Salesperson	99.0%	43,000
2	(컴퓨터)입력 요원	Typist or related Key board worker	98.5%	51,000
3	법률비서	Legal secretaries	98.0%	44,000
4	경리	Financial accounts manager	97.6%	132,000
5	분류업무	Weigher, garder or sorter	97.6%	22,000
6	검표원	Routine inspector and tester	97.6%	63,000
7	판매원	Sales administrator	97.2%	70,000
8	회계 관리사	Book-Keeper, payroll manageror worker	97.0%	436,000
9	회계사	Finance officer	97.0%	35,000
10	보험사	Pensions and insurance clerk	97.0%	77,000
11	은행원	Bank or post office clerk	96.8%	146,000
12	기타 회계 관리자	Financial administrative worker	96.8%	175,000
13	NGO 사무직	Non-governmental Organisation	96.8%	60,000
14	지역 공무원	Local government administrative worker	96.8%	147,000
15	도서관 사서 보조	Library clerk	96.7%	26,000

총 종사자 수 1,527,000

한편, 4차 산업혁명 시대 10년~20년 후까지 남는 직업 25개는 레크리에이션 치료사, 정비설치수리 일선 감독자, 위기관리 책임자, 정신건강 약물 관련 사회복지사, 청각 훈련사 등이 있고, 사라질 직업 25개는 전화 판매원, 부동산 등기의 심사조사, 손바느질 재단사, 컴퓨터를 이용한 데이터 수집 가공 분석, 보험업자 등 <표 1-6>과 같다.

<표 1-6> 4차 산업혁명 시대 남는 직업과 사라질 직업

10~20년 후까지 남는 직업 상위 25	10~20년 후에 사라지는 직업 상위 25
1 레크리에이션 치료사	1 전화 판매원(텔레마케터)
2 정비설치수리 일선 감독자	2 부동산 등기의 심사조사
3 위기관리 책임자	3 손바느질 재단사
4 정신 건강약물 관련 사회복지사	4 컴퓨터 이용한 데이터 수집가공분석
5 청각 훈련사	5 보험업자
6 작업치료사	6 시계수리공
7 치과교정사의치 기공사	7 화물 취급인
8 의료사회복지사	8 세무신고 대행자
9 구강외과	9 필름사진 현상 기술자
10 소방방재의 제일선 감독자	10 은행 신규계좌 개설 담당자
11 영양사	11 사서 보조원
12 숙박시설의 지배인	12 데이터 입력 작업원
13 안무가	13 시계 조립조정 공학
14 영업 엔지니어	14 보험 청구 및 보험 계약 대행자
15 내과외과	15 증권회사의 일반 사무원
16 교육 코디네이터	16 수주계
17 심리학자	17 대출 담당자
18 경찰형사의 제일선 감독자	18 자동차 보험 감정인
19 치과의사	19 스포츠 심판
20 초등학교 교사(특수교육 제외)	20 은행 창구계
21 의학자(역학자 제외)	21 금속목재고무의 에칭 판화 업체
22 초중학교의 교육 관리자	22 포장기계 기계필링 운영자
23 다리(발) 관련 의사	23 구매 담당자
24 임상심리사상담사학교 카운슬러	24 화물 배송 수신계
25 정신건강 상담	25 금속 · 플라스틱 가공용 기계 조작원

(출처: 칼프레이 베네딕트 · 마이클 오스본 '고용의 미래')

4차 산업혁명 시대
미래교육의 방향

4차 산업혁명 시대를 대비하여 미국, 영국, 프랑스, 일본 등 세계 각국의 교육정책 현황을 소개하면 <표 1−7>과 같다(서혜숙, 2017).

<표 1-7> 4차 산업혁명 시대 세계 각국의 교육정책 현황

국가	SW교육	디지털교과서(교수학습)관련 정책	교육환경(인프라)정책	개인맞춤형 서비스
(미국)	• 모든 학생을 위한 컴퓨터 과학교육 정책 추진 발표('16.1월)	• 디지털교과서 활용 • 가이드라인('15)에 따라 주단위의 디지털교과서 확산 중	• 학교 인터넷 개선, 디지털 학습 강화를 위해 민간과 협력하여 Connect ED('13)추진, 학교 무선망 확충 • 학생용기기(아이패드, 구글 크롬북 등) 보급 확대	• 사립학교의 24%가 맞춤학습 시스템 이미 사용 또는 사용 예정
(영국)	• '14.9월부터 초중등학교 모든 학령에서 SW교육 필수화	• 케임브리지, 옥스퍼드 등 민간출판사 주도 디지털교과서 개발 활용 확산	• (런던)2,500개 학교에 고속보안네트워크, 문서작성 및 스토리지, 화상회의 시스템 제공	• 영국 학교는 edu-tech에 매년 900만 파운드 이상 투자
(프랑스)	• '16년 9월 신학기부터 SW를 중학교 정규 과목화	• 연구학교 시범적용('09~'11)을 거쳐 디지털교과서 활용 확산 중	• 디지털학교 프로젝트로 '20년까지 교사 100% 초중학생 70%에 기기	• 정부보조금으로 초등학교에 맞춤학습 솔루션 보급

국가	SW교육	디지털교과서(교수학습)관련 정책	교육환경(인프라) 정책	개인맞춤형 서비스
			(PC, 스마트패드) 보급 계획	
● (일본)	• '12년부터 중학교, '20년부터 초등학교 SW교육 필수화	• '20년부터 디지털교과서 전면 도입 계획	• '14년부터 초중고 인프라 개선사업 추진, '20년 모든 학교 무선망 완비 목표(교육정보화 비전)	• 일본 총무성은 교육클라우드 정책을 추진하여 학습 분석 관리

특히, 3차 산업혁명 시대 특징인 표준화, 규격화, 정형화된 교육의 방향을 탈피하여 4차 산업혁명 시대에는 다양성, 창의성, 유연성을 강화하는 방향으로 교육이 변화해야 한다. 이러한 변화를 위해서는 미래교육 콘텐츠, 미래교육 시스템, 미래학교, 미래교육 거버넌스 등 교육 관련 모든 체계가 총체적으로 상호 협력하여 [그림 1-4]와 같은 교육 혁신 프레임워크를 설계해야 한다(안종배, 2017).

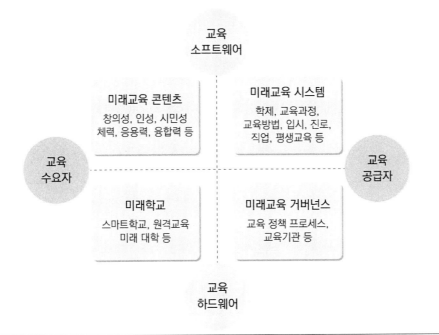

[그림 1-4] 4차 산업혁명 시대 미래 교육 혁신 프레임워크

한편, 4차 산업혁명 시대 미래교육의 혁신 방안은 제도, 학교, 사회, 기술 측면에서 교육과정, 학습평가, 교수학습 영역 등 [그림 1-5]와 같이 도식화할 수 있다(김진숙, 2017).

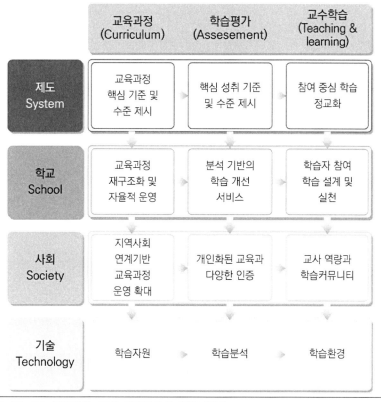

[그림 1-5] 4차 산업혁명 시대 미래교육의 혁신 방안

안종배(2017)는 4차 산업혁명 시대를 주도할 미래창의혁신 인재 양성을 미래교육의 비전으로 제시하였고 글로벌 경쟁력을 갖춘 미래 창의혁신 인재를 양성하는 교육, 개인의 창의성과 다양성이 존중되고 행복한 삶과 건강한 사회의 지속 발전에 기여하는 교육을 미래교육의 목표로 제안하였다. 4차 산업혁명 시대의 미래교육의 비전, 목표를 토대로 미래교육의 혁신 방향을 정리하면 [그림 1-6]과 같이 도식화할 수 있다.

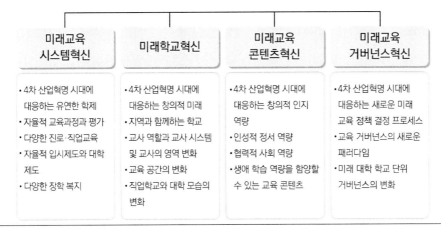

미래교육 시스템혁신	미래학교혁신	미래교육 콘텐츠혁신	미래교육 거버넌스혁신
• 4차 산업혁명 시대에 대응하는 유연한 학제 • 자율적 교육과정과 평가 • 다양한 진로·직업교육 • 자율적 입시제도와 대학 제도 • 다양한 장학 복지	• 4차 산업혁명 시대에 대응하는 창의적 미래 • 지역과 함께하는 학교 • 교사 역할과 교사 시스템 및 교사의 영역 변화 • 교육 공간의 변화 • 직업학교와 대학 모습의 변화	• 4차 산업혁명 시대에 대응하는 창의적 인지 역량 • 인성적 정서 역량 • 협력적 사회 역량 • 생애 학습 역량을 함양할 수 있는 교육 콘텐츠	• 4차 산업혁명 시대에 대응하는 새로운 미래 교육 정책 결정 프로세스 • 교육 거버넌스의 새로운 패러다임 • 미래 대학 학교 단위 거버넌스의 변화

[그림 1-6] 4차 산업혁명 시대의 미래교육 방향(안종배, 2017)

특히, 4차 산업혁명 시대를 준비하기 위해서는 현재 학생들이 현재에 잘 적응하는 교육 방향을 설정하기보다는 현재 학생들이 10년, 20년 이후 미래에 잘 적응할 수 있는 역량을 길러주는 교육 방향을 설정할 필요가 있다. 즉, 기존의 선다형 평가 위주의 교육 방법, 단순 암기식 수업 형태, 정답 위주의 입시 체제 등은 미래에 존재하지도 않을 지식을 가르치기 위해 오히려 '시간과 노력의 낭비'라는 결과만 초래할 수 있기 때문에, 4차 산업혁명 시대에 필요한 미래교육의 패러다임을 전환할 필요가 있다. 이에 우리나라 교육부에서는 4차 산업혁명 시대의 미래를 전망하고 현재 우리나라 현실을 감안하여 미래교육의 방향을 유연화, 자율화, 개별화, 전문화, 인간화 등 [그림 1−7]과 같이 5가지를 제시하였다.

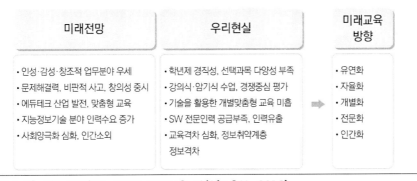

미래전망	우리현실	미래교육 방향
• 인성·감성·창조적 업무분야 우세 • 문제해결력, 비판적 사고, 창의성 중시 • 에듀테크 산업 발전, 맞춤형 교육 • 지능정보기술 분야 인력수요 증가 • 사회양극화 심화, 인간소외	• 학년제 경직성, 선택과목 다양성 부족 • 강의식·암기식 수업, 경쟁중심 평가 • 기술을 활용한 개별맞춤형 교육 미흡 • SW 전문인력 공급부족, 인력유출 • 교육격차 심화, 정보취약계층 정보격차	• 유연화 • 자율화 • 개별화 • 전문화 • 인간화

[그림 1-7] 4차 산업혁명 시대의 미래교육 방향(교육부, 2016)

또한, 4차 산업혁명 시대에 적합한 미래교육의 목적을 '창의융합 인재 강국 만들기'로 제시하고 구체적인 미래교육의 방향과 추진 전략을 [그림 1-8]과 같이 발표하였다(교육부, 2016).

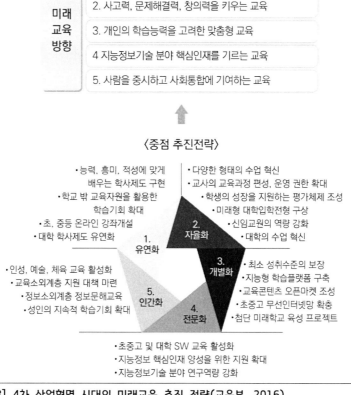

[그림 1-8] 4차 산업혁명 시대의 미래교육 추진 전략(교육부, 2016)

한편, 4차 산업혁명 시대가 도래함에 따라 불확실한 미래 변화에 빠르게 적응하여 가치 있고, 생산성 높고, 유의미한 아이디어와 산출물을 개발할 수 있는 창의인성을 갖춘 인재상을 요구한다. 이러한 21세기 미래인재는 정보통신기술의 발달에 따라 진화하는 지식 기반 사회에 유연하고 탄력 있게 대처할 수 있는 역량이 구비되어야 한다. 따라서 이러한 인재 양성을 위해서는 기존의 표준화된 내용으로 순차적 지식 암기 및 습득을 중요시하는 기존의 교육 패러다임이 아니라, [그림 1-9]와 같이 교과 및 체험활동이 융합된 다양하고 특성화된 내용으로 창의적 사고 역량에 중점을 두는 새로운 교육 패러다임이 필요하다(계보경 외, 2106).

[그림 1-9] 4차 산업혁명 시대 미래교육의 변화 방향

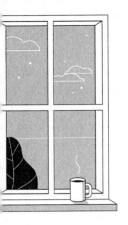

미래교육의
핵심 역량

4차 산업혁명 시대의 미래 인간상

4차 산업혁명 시대의 바람직한 인간상은 인터넷, 글로벌한 시민적 책임의식, 탐구적 자율인 등 총체적이고 포괄적이다. 이러한 인간을 기르기 위해서 인지능력(기초인지 능력, 인문학적 소양 등), 인지특성(지적호기심. 탐구정신 등), 정의적 특성(정직, 성실, 은근, 끈기 등) 등 [그림 2-1]과 같이 크게 세 가지 핵심 역량을 길러야 한다(성태제, 2017).

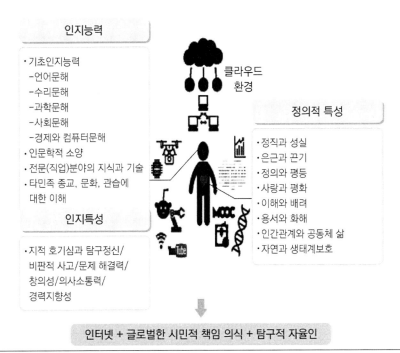

[그림 2-1] 4차 산업혁명 시대 인간상과 핵심 역량

4차 산업혁명 시대의 인재
핵심 역량

특히, World Economic Forum(2016)은 4차 산업혁명 시대에 길러야 할 미래 인재의 핵심 역량으로 특정 기능 역량(functional skills)보다는 사회적 역량, 자원관리 역량, 시스템 역량, 문제해결 역량, 과학기술 역량 등 다기능 역량(cross-functional skills)을 강조하였다.

\<표 2-1\> 4차 산업혁명 시대 인재 핵심 역량

능력(abilities)	기본 역량(basic skills)	다기능 역량(cross-functional skills)	
인지 능력 • 유연한 인지 • 창의성 • 논리적 추리력 • 문제 민감성 • 수학적 추리력 • 시각화 능력	직무내용 역량 • 능동적 학습 • 발표력 • 독해력 • 문장력 • ICT 역량	사회적 역량 • 협업능력 • 감정지능 • 협상력 • 설득력 • 서비스 지향성 • 교수력(teaching)	자원관리 역량 • 재무관리 • 재물관리 • 인적자원관리 • 시간관리
신체 능력 • 육체적 힘 • 손재주	직무처리 역량 • 경청 • 비판적 사고 • 모니터링 역량	시스템 역량 • 의사결정 • 시스템 분석	과학기술 역량 • 장비 유지, 보수 • 장비 운영, 제어 • 프로그래밍
		문제해결 역량 • 복잡한 문제해결	• 품질관리 • 테크놀로지 및 사용자 경험 디자인 • 기술 문제해결

특히, 4차 산업혁명 시대 미래교육에서 길러야 할 역량으로 김진숙(2017)은 2015 개정 교육과정에서도 제시하고 있는 창의융합형 인재를 강조하면서 초연결, 초지능, 초융합 사회를 살아가는 창조융합형 인재(creative learner)를 제안하였다. 창조융합형 인재가 갖추어야 할 역량으로 상황 맥락 지능, 감성 지능, 사회정서 지능, 신체 지능 등 [그림 2-2]와 같이 도식화할 수 있다.

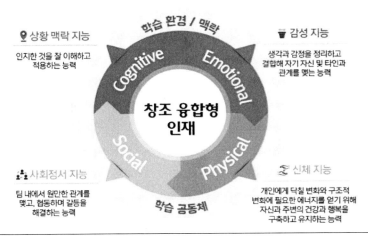

[그림 2-2] 4차 산업혁명 시대의 인재 역량(김진숙, 2017)

또한, 4차 산업혁명 시대의 미래교육에서 길러야 할 인재상은 건강한 미래사회를 주도할 창의적으로 사고하는 인성을 갖춘 전문 인재 즉, '미래 창의 혁신 인재(future creative professional)'라 할 수 있다(안종배, 2017). 이러한 인재를 기르기 위해 필요한 역량은 창의로운 인지 역량, 인성을 갖춘 정서 역량, 협력하는 사회 역량, 생애주기 학습 역량 등 [그림 2-3]과 같이 도식화 할 수 있다.

미래 창의 혁신 인재(Future Creative Professional)
건강한 미래사회를 주도할 창의적으로 사고하는 인성을 갖춘 전문 인재

4차 산업혁명 시대에 필요한 영역별 융합적 전문 역량

미래 인재 4대 핵심 기반 역량

창의로운 인지 역량	인성 갖춘 정서 역량	협력하는 사회 역량	생애주기 학습 역량
• 창의성 • 문제 해결 사고력 • 미래 도전력 • 인문학적 소양	• 인성, 윤리의식 • 문화예술 소양 • 자아 긍정 관리 • 협업 리더십	• 소통과 협업 능력 • 사회적 자본 이해 • 글로벌 시민 의식 • 스포츠 체력	• 자기주도 학습 능력 • 과학기술 변화 이해 • New ICT 활용 능력 • 평생 학습 능력

[그림 2-3] 4차 산업혁명 시대의 인재 역량(안종배, 2017)

한편, 4차 산업혁명 시대에 새롭게 강조될 시민성의 덕성 및 역량을 소개하면 <표 2-2>와 같이 정리할 수 있다(김봉섭, 김현철, 박선아, 임상수, 2017).

<표 2-2> 4차 산업혁명 시대 시민성의 덕성 및 역량

영역	의미	덕성	역량
① 인공지능 관련 '지식 정보에 대한 권리와 의무'	인공지능의 작동 원리와 오작동 위험성에 관한 필수 지식정보를 충분히 알고 이해할 수 있어야 하며, 필요한 정보의 공개를 요구할 권리를 요구할 권리와 더불어 필수 지식을 숙지하고 변경된 사항들에 대해 관심을 갖고 업데이트를 위한 노력을 기울일 의무도 갖고 있음. (알 권리, 소비자 교육을 받을 권리, 환경의식에 대한 책임, 정보에 대한 책임 등)	근면, 성실의 덕성 (꾸준한 정보 탐색과 업데이트를 위한 노력)	정보 검색과 획득, 취사선택의 능력 (알 권리 행사, 알아야 할 의무 준수)
② 인공지능 관련 '태도와 의지에 대	분쟁이나 피해가 발생하거나 발생할 가능성이 있는 경우에, 귀찮다고 넘	공감, 배려, 끈기, 이타적 덕성	자기동기화 능력 (귀찮고 힘들어도

영역	의미	덕성	역량
한 권리와 의무'	어가거나 내 일이 아니라고 덮어두지 않고 적극적으로 해결을 위해 참여하려는 태도와 의지에 관련한 권리와 의무 (안전할 권리, 선택할 권리, 의견 반영 권리, 구제받을 권리, 지속가능 환경 권리, 기술적 중립성 권리, 비판의식에 대한 책임, 사회적 배려에 대한 책임 등)	(피해에 대해 공감하고, 분노하며, 도와주려는 태도)	문제해결을 위해 포기하지 않으려는 실천 의지를 스스로 북돋우고 그것을 유지하는 능력)
③ 인공지능 관련 '실천과 조직에 대한 권리와 의무'	문제해결을 위해 효과적으로 대응하고, 자신의 문제해결분만 아니라 비슷한 처지의 다른 소비자들을 위해 단체를 조직하고, 연대하여 문제해결의 절차를 제도화하는 데에까지 나아갈 수 있는 권리와 그렇게 해야 할 의무 (의견 반영 권리, 단체조직 활동의 권리, 참여에 대한 책임, 연대에 대한 책임 등)	능동, 적극, 책무성 (움츠러들지 않고 앞으로 나아가 문제를 해결하고 책임을 감당하려는 태도)	의사소통력, 사회적 조직력 (다른 사람들과 함께 힘을 합치고 효과적으로 협력할 수 있는 능력)

03

4차 산업혁명 시대의 미래 교육 모형

4차 산업혁명 시대 미래의 교육 모형은 <표 2-3>과 같이 5P(Permeable, Public, Pervasive, Paced, Personal) 학습 체제로 정의할 수 있다(조헌국, 2017).

<표 2-3> 4차 산업혁명 시대의 미래교육 모형 5P 학습체제

구분	개념	특징
Permeable	산업 사회와 직업 생태계의 변화로 인해 등장하게 될 융복합 중심의 교육과정 개편은 기존의 전공이나 학문 분야 간 장벽의 붕괴 가속화	• 온라인과 오프라인, 인문학과 과학기술, 교과와 비교과, 현실과 사이버 세계, 생물과 무생물 등 경계 붕괴 • 교양과 전공 경계 붕괴, 교양교육 내 여러 학문 분야 간 경계 붕괴 • 교수자와 학습자의 경계 모호
Public	인간과 기계의 결합과 개방형 플랫폼의 보급은 집단지성 등 공동체 중심의 학습 자산 형성 강화	• 인간과 기계를 포괄한 집단 학습을 통해 인간의 인지적, 신체적, 정서적 능력 극대화 • 학습의 성과물 역시 개인의 것이 아닌, 집단의 것으로 이해 • 이론과 실천의 연계 강화
Pervasive	인공지능의 발달과 빅데이터의 활용은 학습에 대한 시공간적 제약을 해제하여 언제 어디에서나 학습 가능	• 개방형 플랫폼과 사이버 물리 시스템을 통한 토론과 실습, 강의가 복합된 교과목 운영
Paced	탈도시화, 탈분권화된 교육과정의 등장은 개인 잠재력과 학습 목적에 적합한 맞춤형 학습 실현	• 각자의 수준에 맞게 학습량과 과제를 조절해 누구든지 목표에 도달 가능

구분	개념	특징
Personal	개인의 성격과 인성을 다루는 인간성을 위한 교육 강조	• 생명 가치와 인간에 대한 참된 이해, 서로 다른 문화 이해 및 배려, 존중

특히, 성태제(2017)는 4차 산업혁명의 특징이 융합과 초유기체이듯이 교육도 교육의 모든 활동이 분절이지 않으며 초유기적으로 이루어져야 하기 때문에, 교육과정, 교수·학습, 교육평가가 유기적인 관계를 가지며 클라우드 환경과 사이버 공간에서 [그림 2-4]와 같이 이루어져야 한다고 주장하였다.

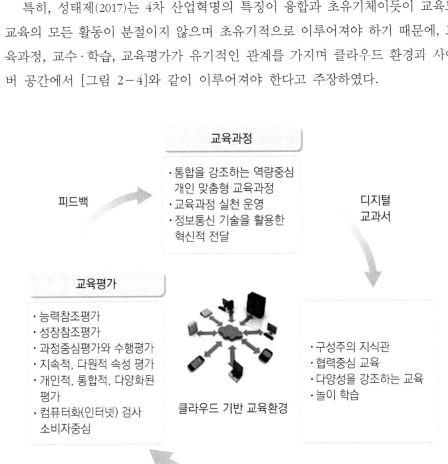

[그림 2-4] 4차 산업혁명 시대의 교육과정, 교수학습법, 평가 연계 모형

4차 산업혁명 시대의 미래 교육 구성 체제

4차 산업혁명 시대 미래교육의 구성 체제는 교육철학 및 목표, 교육과정, 교육내용, 교육방법 등 <표 2-4>와 같이 구분할 수 있다(임종헌, 유경훈, 김병찬, 2017).

<표 2-4> 4차 산업혁명 시대에 미래교육의 구성 체제

구분	내용
교육철학 및 목표	'평생학습자' 육성, 개인 개성의 발견과 발전, 협력과 소통, 인간 존중
교육과정	국가 교육과정의 유연화, 교육과정 경로(course) 다양화, 삶 중심 교육과정 재구성
교육내용	역량 중심 교육, 인성/시민성/협업능력 강조
교육방법	다양한 교육방법 활용, 학습자주도, 테크놀로지 기반 교육, 온라인 기반, 네트워크 기반

특히, 4차 산업혁명 시대에 미래교육의 목적과 방향을 효과적으로 달성하기 위해서는 기존의 교육 패러다임과는 달리, 교육과정, 교수·학습 방법, 교육평가, 교수자 역할, 학습자 역할 등 구성 체제의 많은 변화가 있어야 한다(계보경, 박태정, 차현진, 2016; 성태제, 2017).

<표 2-5> 4차 산업혁명 시대의 구성 체제 변화

구분	기존의 교육 패러다임	새로운 교육 패러다임
교육과정	• 분화된 교과 중심 • 국가 주도 표준화된 교육과정 • 선형적, 순차적, 정형화 • 이론 중심 교육내용	• 통합과 융합을 강조하는 역량 중심 • 학교 중심 맞춤형 특색 있는 교육과정 • 다차원적, 비선형정, 비표준화 • 현장 실천 중심 교육내용
교수학습 방법	• 행동주의 교육 방법 • 경쟁 중심 교육 • 오프라인 교육 • 한정 공간에서 전달형 교수체제	• 구성주의 교육 방법 • 협력 중심 교육 • 온오프라인 교육(블렌디드 교육) • 공간을 초월한 맞춤형 학습체제
교육평가	• 규준참조 평가, 준거참조 평가 • 결과 중심 평가 • 암기지식 측정 중심 평가	• 능력참조 평가, 성장참조 평가 • 과정 중심 평가, 수행평가 • 인지, 정의, 사회 영역 균형된 평가
교수자 역할	• 지식 전달자 • 감독자, 권위자	• 지식 조력자, 촉진자 • 코치, 카운셀러
학습자 역할	• 수동적 학습자 • 개인학습 중심 • 학습과 일 분리	• 능동적 학습자 • 학습공동체 • 학습과 일 병행

특히, 4차 산업혁명 시대 교육의 변화 방향을 학교 체제, 학년－학급 체제, 학교 인프라, 거버넌스, 평가, 교사의 역할 등 측면에서 살펴보면 <표 2－6>과 같이 정리할 수 있다(임종헌, 유경훈, 김병찬, 2017).

<표 2-6> 4차 산업혁명 시대의 교육 변화 방향

구분	내용	비고
학교 체제	유연한 통합 학교 운영(유초, 초중, 유초중, 초중고 등), 기능 복합 체제(보육, 평생학습 등)	유, 초, 중, 고 학제를 필요에 따라 융통적으로 운영
학년-학급 체제	학제 유연화, 무학년 및 무학급제 도입, 경험학습인정제 등	테크놀로지(가상현실 등)를 바탕으로 개별화 학습 강조
학교 인프라	테크놀로지 기반(가상학습 환경), 지역사회 교육자원을 연계, 환경 연계	학교를 넘나드는 지역, 지구촌 학습공동체 구축
거버넌스	교육자치 확대, 단위학교 자율성 강화, 학교자치 확대, 교사 수급과 배치 유연화	－

구분	내용	비고
평가	획일화 된 평가 지양, 형성평가 강화, 평가 방법의 다양화, 학생의 삶에 초점을 맞춘 평가	–
교사의 역할	학습 디자이너, 학습 컨설턴트, 삶의 멘토, 네트워크 관리자	테크놀로지를 바탕으로 교사의 활동 영역 확대 (학교 안팎, 온 · 오프라인)

03

회복탄력성의
필요성

01

유아기 회복탄력성의 필요성

현대사회가 기술적, 구조적으로 점차 복잡해짐에 따라 역경에 처하는 사람들의 수뿐만 아니라 사람들이 겪는 역경의 정도도 증가하고 있다. 정신발달 전문가 및 아동발달 연구자들은 역경에 직면한 사람들에게 나타나는 역기능적인 적응의 원인을 파악하고 치료하려는 노력을 기울여 왔다. 그러나 이들은 역경을 경험한 모든 사람들에게 부정적인 결과가 나타나지 않음을 발견하였으며, 역경과 스트레스에도 불구하고 긍정적인 발달을 보이는 사람들에게 관심을 가지게되었다. 회복탄력성은 원래의 상태로 돌아온다는 의미인 회복과 정신적 저항력의 향상을 나타내는 탄력성을 합쳐 회복탄력성이라 하며, 곤란에 직면했을 때이를 극복하고 환경에 적응하여 정신적으로 성장하는 능력이라고 할 수 있다(김민규, 김주환, 신우열, 2009).

회복탄력성 연구가 시작된 이래로 유아기가 회복탄력성 발달 및 증진을 위한결정적 시기임이 강조되고 있다(Masten & Gewirtz, 2006; Reivich & Shatte, 2003). 회복탄력성의 대한 연구 변화를 초기에는 전쟁피해를 입거나 재해, 가난 등의경험이 있는 유아집단으로만 한정지었으며 이러한 상황 속에서 대처하고 긍정적으로 반응하는 변인에 초점을 두었다(Brook & Goldstein, 2001).

유아 회복탄력성의 국내 연구를 살펴보면 회복탄력성이 있는 유아는 긍정적이며 인지적 능력과 자신감과 자기 통제력을 보여준다는 연구가 있다(전은희, 2008).

유아기 회복탄력성의 필요성은 다음과 같다.

① 부정적 환경을 가진 유아가 가정과 일상생활 속에서 관계형성에 어려움을 겪으며 문제 상황에 대한 대처 능력이 부족하여 회복탄력성이 필요함을

보여준 연구가 있다(이은미, 2002).

② 유아기에 형성된 사고방식과 능력은 일생을 통해 지속적인 영향을 미치는데, 회복탄력성은 자신에게 일어나는 사건을 해석하고 반응하는 방식과 연관되기 때문에, 유아기의 회복탄력성에 그 어떤 시기보다 관심을 가질 필요가 있다(정혜준, 2017).

③ 유아기는 다양한 기술을 습득하고 완수해 나가는 과정에 있으므로 자신에게 일어난 일을 해석하고 자신의 감정을 적절히 표현하는 데 어려움이 있을 수 있으며, 그만큼 역경과 스트레스에 쉽게 노출되므로 더 큰 관심과 보호가 필요하다.

④ 회복탄력적인 유아는 자신에 대해 잘 알고 있으며, 자신과 다른 삶을 존중하고 다른 사람에게 친절하고, 협력적이며, 스스로 통제하고 자신에게 닥친 문제를 호기심과 목적을 가지고 접근하여 잘 해결한다(이지현, 2012).

⑤ 회복탄력성이 높은 유아는 역경을 극복한 후에 오히려 더욱 향상된 지능을 발휘하여 긍정적으로 사는 경향이 있다(Anthony, 1987; 구희정).

⑥ 회복탄력성이 높은 유아는 자기효능감과 자기존중감이 높고 전반적으로 긍정적인 자아상과 명백한 정체성을 가지고 있다(Rutter, 1987).

⑦ 회복탄력성이 높은 유아는 스트레스상황에서 문제 대처와 해결, 사회적지지 추구 등 적극적인 대처방식을 사용한다(장경문, 2003).

아동기 회복탄력성의 필요성

아동은 성인과 비교했을 때 스트레스를 인지하고 조절하는 방법이 미숙하기 때문에 과도한 스트레스는 성인보다 더욱 위험할 수 있다(고유민, 2013; 강남욱, 2012). 따라서 아동이 스트레스를 수용하고 극복할 수 있는 방법을 교육하는 것은 그 중요성이 충분하다. 스트레스 및 역경의 상황에서 회복탄력성은 효과적으로 대처할 수 있도록 기능한다(신우열 외, 2009). 그러므로 회복탄력성이 발달한 아동은 다양한 스트레스 상황에서 원활히 대처하며 적응해 나갈 것으로 예상할 수 있다.

반면 충분한 회복탄력성이 갖춰진 아동은 인지적인 능력의 발달을 바탕으로 자기 통찰력을 갖추고, 자기표현을 자유롭게 하는 것과 더불어 스스로를 긍정적으로 받아들여서 결국 타인의 긍정적인 사회적 반응을 이끌어 낼 수 있다(Klohnen, 1996).

이들은 회복탄력성을 통해 유능감과 긍정적 자기 개념을 가지고 정서와 행동에 대해서도 뛰어난 자기조절력을 가지게 된다(주소영, 이양희, 2007).

회복탄력성은 아동이 경험하는 스트레스를 비롯한 부정적인 압력을 완화시키는 특성을 가지며(박연수, 2003) 대인관계에 긍정적인 영향을 줄 수 있다. 회복탄력성이 높은 집단은 낮은 집단과 비교했을 때 사회적 적응을 더 원활히 하는 것으로 나타나며(박혜영, 2004), 친구와 관계형성을 잘하는 경향이 있다.

초등학생은 청소년과 성인으로 성장하는 사회화의 초기 단계에 있으며, 가족의 보호부터 벗어나 다양한 도전과 스트레스 상황에 점차 직면하게 된다. 따라서 아동의 올바른 성장을 위해서는 건강하고 생산적인 방식으로 대처하는 능력인 회복탄력성의 발달이 매우 중요하며 학생들에게 스트레스에 효과적으로 대처하고 성공적인 발달 결과를 얻을 수 있도록 가르치는 것은 매우 중요한 교육적 과제이다.

회복탄력성이 높은 아동은 다음과 같은 특징이 있다.

① 다수의 위험요인에 노출될 때조차도 도전적인 난제에 성공적으로 잘 반응하고 높은 자신감과 자기존중감을 가지고 있어 정서적으로 안정되어 있다(장휘숙, 2001).

② 스트레스 상황이나 환경적 요구에 따라 긴장과 인내 수준 및 충동성을 조절할 수 있는 능력을 가지고 있다(Block & Kremen, 1996).

③ 회복탄력성이 높은 아동이 스스로 현실적인 목표와 기대의 설정을 학습하고 문제해결능력을 가지고 있다고 믿는 등 구체적인 삶의 기술을 소유하고 있다고 하였다(Goldstein & Brooks, 2013).

빈곤, 부모와의 긴장 관계 등 많은 위험 요인들을 갖고 있는 아동들을 대상으로 40년 동안 연구한 Werner & Smith(1992)는 그들 중 1/3은 역량 있는 성인으로 발달했다는 사실을 밝혀냈다. 이는 많은 스트레스와 역경에도 불구하고 성공할 수 있었던 아동에게는 멘토, 역할모델, 때론 비밀을 털어놓을 수 있는 친구로서의 교사의 역할이 아동의 회복탄력성을 발달시키는 데 매우 중요하다는 사실을 밝혀냈다(추병완, 2015). 즉, 배려 깊은 교사의 긍정적인 면이 학생들의 삶의 질에 중요한 영향을 미친다는 것이다.

03

청소년기 회복탄력성의
필요성

청소년은 성인기로 진입하는 인생의 전환기로 자아정체감을 확립하고 성인으로써 전환을 위한 여러 가지 과업이 집중된다. 그러나 치열한 입시위주의 청소년기라는 생활환경을 경험해야 하고, 또한 앞으로 복잡하고 다양한 사회적 환경으로 인해 청소년기에 경험했던 불안정한 심리상태를 경험할 수도 있다. 그러므로 청소년시기에 회복탄력성은 더욱 중요시 되고 있다.

해를 거듭할수록 청소년의 사회부적응과 정신건강을 위협하고 있는 환경적인 문제와 사회적 역할의 변화로 인한 불안, 공부에 대한 압력, 무분별한 부모의 기대와 요구, 부모와 자녀 관계의 재정립 및 직업에 대한 준비 등 그 어떤 집단보다 심한 스트레스를 경험하고 있다. 이렇게 가중된 스트레스가 청소년의 비행, 부적응 자살, 약물남용, 학업동기의 상실, 학교폭력, 가출 등의 문제로 표출되고 있으며(최재영, 2014), 청소년의 46.2%가 전반적으로 생활스트레스를 경험하는 것으로 나타나 정신건강의 심각성을 말해 주고 있다(통계청, 2017). 이에 청소년의 건전한 정신건강과 청소년의 삶의 과제에 대한 사회적 관심이 어느 때보다 중요시 되고 있다. 청소년 시기가 점점 더 길어짐으로 더 많은 역경과 어려움을 경험하는 시대적 상황 속에서 청소년들의 성공적인 성인으로 이행과 문제해결을 위한 적극적인 노력이 요구되고 있다. 청소년 회복탄력성의 필요성을 다음과 같다(신우열, 심민규, 김주환, 2009).

① 20세기 후반 습득해야 하는 복잡한 기술이 늘어나면서 역경에 부딪히는 청년들이 늘어나기 때문이다.

② 회복탄력성이 높으면 우발적이거나 난감한 상황에서도 유연성을 발휘하

여 문제를 해결할 수 있고 충동성이나 감정을 조절할 수 있는 내적 힘이 높기 때문이다.

③ 청소년은 누구나 좌절과 역경을 경험하지만 같은 역경과 좌절 속에서도 그것을 어떻게 받아들이고 극복하느냐에 따라 청소년의 삶의 질이 달라지기 때문이다.

④ 회복탄력성이 높은 청소년은 문제 상황에 직면했을 때 능동적이고 유연하게 대처하여 극복할 수 있는 힘이 생긴다.

⑤ 회복탄력성은 청소년문제의 예방 및 치료, 그리고 교육적 차원에서 중요함을 알 수 있다.

04

성인기 회복탄력성의 필요성

가. 보육교사

회복탄력적인 교사들은 교직생활의 크고 작은 역경과 어려움의 상황에서 그들이 가진 회복탄력성을 발휘해 스트레스를 극복하고 재적응해서 소진을 예방하게 된다. 교사의 회복탄력성은 교사 개인의 정신건강이나 교육의 질적 향상에 영향을 줄 뿐만 아니라 유아에게도 영향을 미치기 때문에 중요하다고 하였다(권수현, 2010). 또한 CU와 Day(2007)는 4년간의 장기연구를 통해 교사가 어려운 상황에서도 안녕을 되찾고 교직을 유지하는 능력을 회복탄력성이라고 소개했다(김희정, 2012).

교사의 회복탄력성은 교사 개인의 정신건강이나 교육의 질적 향상에 영향을 줄 뿐만 아니라 유아에게도 영향을 미치기 때문에 중요하다(권수현, 2010; 황승미, 2013). 성인에 대한 의존도가 높은 유아들의 경우에는 교사의 영향을 많이 받게되기에 교사들의 회복탄력성이 더 중요하게 생각되어야 한다. 유치원 교사에게 회복탄력성이 필요한 이유는 다음과 같다.

첫째, 교사의 개인의 건강을 위해 회복탄력성이 필요하다. 유치원 현장에서 교사는 끊임없이 유아의 학부모, 동료교사들과 관계를 맺어가며, 신체적·정신적 에너지가 많이 필요한 직업이다. 그 속에서 회복탄력적인 태도가 업무의 과중, 업무관련 스트레스, 일과평가, 모든 관계에서 질병을 유발하는 스트레스를 완화한다고 볼 수 있다(Borysenko, 2009·2011; 김새실, 2017).

둘째, 교사의 질 높은 상호작용을 위해 회복탄력성은 중요하다. 유아들과 상호작용을 하며 그러한 상호작용에 의해 교육의 질이 달라질 수 있기 때문에 어렵고 힘든 상황에서도 긍정적으로 상호작용을 할 수 있도록 노력해야 한다. 즉

스트레스적 심리요인이 반영된 상호작용은 교육의 질에 부정적인 영향을 미치기 때문에 교사는 바람직한 상호작용을 위해 감정을 조절하는 회복탄력성을 높일 필요가 있다(이병선, 2015).

셋째, 유아의 사회성 발달 및 회복탄력성 발달에 영향을 미친다. 스트레스를 극복하지 못한 교사의 정서는 유아의 사회성 발달 및 또래 간 관계형성에 부정적인 영향을 미친다(김새실, 2017; 엄정애, 김혜진, 2005). 회복탄력성이 높은 교사는 공감능력을 발휘하고 관계형성 시 부드럽고 따뜻한 반응을 보인다(장숙현, 문혁준, 2015). 유아의 바람직한 성장과 타인과의 올바른 관계형성을 돕기 위해서는 교사가 회복탄력적인 태도를 가져야 한다(이경미, 2015). 이러한 회복탄력적인 교사는 수업이나 활동에 참여하도록 많은 기회를 주며, 이러한 기회를 통해 아동은 점차 회복탄력성을 갖게 된다(이다혜, 2016). 역할모델이 되는 교사가 회복탄력적인 자질을 보이지 않는다면 아동에게 회복탄력성을 기대하기 어렵다(Cu 와 Day, 2007; 이다혜, 2016).

따라서 유아교사가 유아들과 통합교육을 하며 상호작용을 할 때 즐겁고 건강하게 일하고, 통합교육의 효과를 높일 수 있도록 자신의 능력을 발휘하는 데 회복탄력성은 중요한 역할을 한다.

나. 임상 간호사의 회복탄력성의 필요성

우리나라 간호사들은 의료기관의 양적팽창, 경쟁심화, 국내외 의료기관인증제도의 질적 수준의 강화, 의료소비자의 서비스 요구와 권리의식 증대로 인하여 업무가 과중되는 상황에 놓여 있다(유명숙, 2016). 이에, 임상 간호사들은 새로운 지식, 정보 기술을 습득해야 하고 정확한 환자상태 파악 및 양질의 간호를 수행해야 하므로 항상 긴장과 주의력이 요구된다. 대부분의 임상 간호사들은 3교대 근무를 해야 하며 열악한 근무환경 속에서 환자와 대면하여 서비스를 제공하는 동안 감정을 억제해야 하는 일이 많은 직무를 수행하고 있다.

회복탄력성이 높은 사람의 특징은 어려운 상황에서 상상력을 발휘하여 해결책을 모색하고(Borysenko, 2009), 기존의 것에 집착하지 않고 부딪칠 수 있는 다양한 삶의 변화를 언제든 수용하며 변화로부터 삶의 자극을 얻으려는 진취적인 태도를 가진다. 또한 역경을 겪었을 때 상처가 비교적 빠르게 치유되며 자신의 문제를 회피하지 않고 능동적으로 극복하고, 그 과정에서 유연성을 보여준다

(berndt, 2013).

간호사의 회복탄력성은 간호리더십의 필수적인 요소로, 역경에 직면할 때 견 딜 수 있고 발전할 수 있는 능력이며(Cline, 2015), 간호사의 자원을 강화하고 감 정노동으로 인한 스트레스와 소진을 완화하는 중요한 전략이다. 따라서 간호사 의 회복탄력성은 간호의 질과 조직의 효율성에 영향을 주는 필수적인 요소이다 (문인오, 박숙경, 정정미, 2013).

노인기 회복탄력성의 필요성

현대사회의 노인 인구 증가는 다양한 노인 문제들을 발생시켜 오고 있다. 특히 우리나라의 노인 자살 비율은 OECD국가 중 가장 높은 비율을 차지하고 있다. 이는 노인이 처한 경제적, 사회적 등의 이유로 어려움을 극복하지 못함으로 발생된다고 할 수 있다. 이에 노인 자신이 처한 상황을 이겨 낼 수 있도록 하는 내적인 힘의 강화가 중요하다는 데 관심을 가지게 되면서, 노인의 회복탄력성 향상을 시키는 데 중요한 요인이 무엇인가에 대해서 관심을 가지기 시작하였다.

따라서 노인의 회복탄력성이 필요한 이유는 다음과 같다.

첫째, 박정숙(2013)은 회복탄력성이 증가되면, 노인우울과 함께 자살도 감소된다고 하여 노인에게 회복탄력성 향상의 중요성을 언급하였다. 둘째, 김희정(2014)의 연구에 의하면 회복탄력성 향상은 노인들에게 있어 자신이 처한 부정적인 심리문제를 이겨내고 배우자의 사망 등과 같은 다양한 스트레스에 대해서 스스로 건강하게 대처하여 건강하게 사는 데 중요한 요인이라고 하였다. 셋째, 회복탄력성이 높은 사람들은 긍정적인 정서 경험으로 신체적인 문제에 있어서도 극복을 잘하며, 대처 양식이 적절하고 스트레스 상황에서 잘 대처한다고 하였다(박원주, 2010). 넷째, 이희완(2012)은 회복탄력성이 노인의 여가활동 참가에 영향을 주는 긍정적인 매개 효과가 있다고 하였다.

특히, 윤진(1983)은 노인을 "인생의 마지막 단계에서 노화와 더불어 신체적, 심리적, 사회적 기능이 점차 쇠퇴하여 생활기능 수행상의 장애를 경험하는 사람"이라고 정의하였고, 박영숙(1998)은 노인을 "생리적, 육체적으로 변화기에 있고, 심리적인 면에서 개성이 감퇴되고 있으며, 사회적 변화에 따라서 사회적 관계가 과거에 속해 있는 사람"이라고 정의하였다. 그러므로 노인이 되는 노년기에는 기본적으로 신체적 쇠태가 찾아오며, 신체적인 쇠태로 인하여 경제적인 능력이 감소되어 고립감이나 고독감을 느끼게 되고(장인순, 2006) 이러한 이유 때문에 스트레스를 경험할 수 있다.

노화과정에서는 다양한 건강문제들이 생기게 되는데, 개인의 노화 정도에 따라 신체기능의 저하 및 기능장애, 기능상실 등을 경험하게 된다. 노인의 건강을 증진시키고 노화로 인한 만성징환을 예방하는 데 중점을 두게 되는 운동을 규칙적으로 실행하였을 때 단기간의 심리적 효과로는 스트레스와 불안 감소가 있고 장기적 효과로는 일상생활의 만족감 개선(berger & Hecht, 1990), 자기효능감 강화와 자기만족감 증가(McAuley & Rudolph, 1995)가 있다.

운동을 하게 하면 뇌가 긍정적으로 변화한다. 긍정적인 감정이 강화되고 타인에게 좋은 인상을 주게 되며 따라서 원만한 인간관계와 리더십도 길러진다. 뿐만 아니라 업무성취도와 창의성과 회복탄력성도 높아진다. 행복과 성공에 이르는 가장 빠르고 확실한 길이 바로 규칙적인 운동이다(김주환, 2011).

2부

회복탄력성 개념 및 요소

회복탄력성의 개념

01

회복탄력성의 정의

회복탄력성은 조현병 어머니를 둔 고위험 아동의 스트레스와 대처에 관한 Garmezy 등(1974)의 'Project Competence' 연구에서 일차적으로 대두되었다(Rutter, 1987, Luthar et al., 2000). 비슷한 맥락에서 의료사회학자인 Antonovsky(1987)는 대참사에서 살아남은 사람들의 정신사회적, 신체적으로 높은 기능을 기술하기 위해 건강요인지향상(건강을 지키는 요인에 중점을 두는 접근법)(salutogenesis)의 개념을 도입했다(Paeeerson, 2002). 즉, 인간을 대상으로 하는 영역에서 이전의 결점이나 취약성을 강조하는 병리적 모델로부터 개인의 강점과 자원을 규명하고 강화하고자 하는 패러다임이 전환되는 과정에서 등장한 개념이 회복탄력성이다.

회복탄력성에 대한 연구는 국외에서는 1970년대 이후에 시작하여 1990년 이후 주목받게 되었으며, 국내에서는 국외에서 부각되기 시작한 이후인 1990년대 후반부터 연구가 시작되었다. 심리학, 정신의학, 교육학, 사회복지학 등 다양한 학문의 연구자들이 이에 관심을 가지고 연구가 수행되고 있다(김주환, 2011; 최은지, 2014). Tusaie 등(2004)은 심리학에서 회복탄력성심리학에서 회복탄력성 개념의 군원을 대처의 심리적 측면과 스트레스의 생리적 측면의 두 영역으로 설명하면서, 회복탄력성이 구조가 정신신경 면역학과 유사한 전체론적(holistic), 다단계 접근법(multi-level approach)을 사용하지만, 회복탄력성은 질병이 아닌 긍정적인 결과에 초점을 맞추므로, 두 구조는 서로 관련이 있지만 강조점이 다르다고 보았다. 이를 도식화하면 다음과 같다(Tusaie and dyer, 2004).

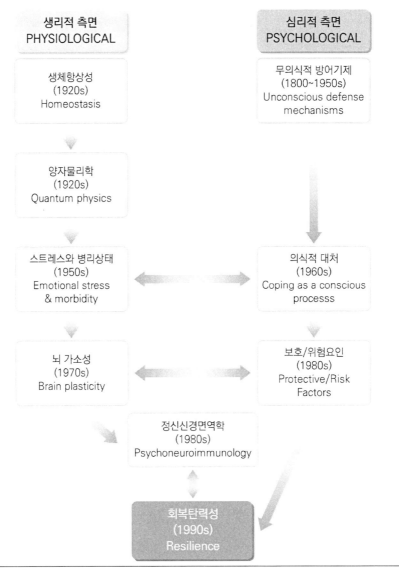

[그림 4-1] 회복탄력성의 개념의 발전

    회복탄력성에 대한 정의는 다양하고 복합적인 개념으로 학자마다 사용하는 범위가 넓어 합의된 개념을 도출하는 것이 쉽지 않으나(Groburg, 1995), 역경과 적응이라는 두 가지 개념으로 정의되고 있다(Luthar & Cicchetti, 2000). 이는 개인이 스트레스를 경험하고 다시 회복하여 긍정적인 결과를 가져오게 하는 심리사회적 능력(박인정, 2007), 스트레스 극복과정의 결과로 인간의 생물학적 성격의 내적 과정과 사회적지지의 외적 과정의 역동적 상호작용의 산물(이현수, 2009)이라 할 수 있다.

김주환(2011)은 회복탄력성은 시련이나 고난을 이겨내는 긍정적인 힘이고, 성공은 어려움이나 실패가 없는 상태가 아니라 오히려 역경과 시련을 극복해낸 상태라고 말한다. 떨어져 본 사람만이 어디로 높게 올라가야 하는지 그 방향을 알고, 추락해 본 사람만이 다시 튀어 올라가야 할 필요성을 절감하듯이 바닥을 쳐본 사람만이 더욱 높게 날아오를 힘을 갖게 된다고 하였다. 또한 '탄력성'은 물리적 현상으로는 '다시 돌아오는 경향', '회복력', '탄성'의 사전적 의미를 가지고 있다. 이러한 물리적 의미에서의 탄력은 위기의 상황을 극복하고 역기능 상태에서 다시금 기능적으로 돌아오는 능력이라 말할 수 있다. 탄력성을 인간에 적용 시켰을 때의 의미는 여러 학자들에 의해 정의되고 있다. 이처럼 회복탄력성에 대한 정의를 국내외 학자별로 정리하면 <표 4-1>, <표 4-2>와 같다.

<표 4-1> 회복탄력성에 대한 정의(국외)

연구자	연도	개념
Werner & Smith(1982)	1983	• 불행이나 충격으로부터 빠르게 회복하여 성공적으로 적응하는 능력 • 문제 상황이나 절박한 역경과 뜻밖의 경험에도 불구하고 잘 적응하면서 건강하게 발달하는 성장의 힘
Waters & Sroufe	1983	내적자원과 외적자원을 효과적으로 활용할 수 있는 능력
Rutter	1987	유아의 타고난 속성이나 후천적으로 획득된 것이 아니라 유아의 속성, 가족, 사회, 문화적 환경의 적절한 결합에 따라 주어진 시간에 걸쳐 일어나는 정신내적 과정
Anthony(1987)	1987	어려움을 직면했을 때 이를 뛰어넘고 환경에 적응하는 정신적 성장 능력
Druss & Douglas	1988	역경 하에서 낙관성을 갖고 잘 기능하게 하는 특성
Kanner	1989	심한 스트레스에 대한 반응으로 잠깐의 분열이 있었던 후, 심리·사회적 평형을 다시 찾는 능력
Masten et al.	1990	갈등과 역경을 극복하는 정신적 면역성. 더 나은 삶을 살 수 있게 하는 능력

연구자	연도	개념
Fine	1991	인간이 통제할 수 없는 역경에서 견디어 내는 능력
Luthar	1991	스트레스나 역경에 대한 면역력
Garmezy	1993	고난, 역경에서 이전의 상태로 돌아올 수 있는 능력
Wagnild & young	1993	스트레스의 부정적 영향을 중재하고 적응을 증진시키는 정서적인 활기 긍정적인 특성
Holad & Terrell	1994	외상을 견디게 하고 회복이 잘 되게 하는 요인 또는 특성
Heinzer	1995	개인의 상실과 불운으로부터 쉽게 회복하게 하거나 적응하게 하는 능력, 대처 자원을 작동하게 하는 역동적인 힘
Groutburg	1995	역경을 예방, 극복하기 위한 개인, 조직, 사회의 능력
Dyer & McGuinnes	1996	개인의 환경요인들의 상호작용에 의한 역동적인 심리적 자원
김혜성	1997	역경 하에서 부정적인 정서를 감소하고 적응을 증진하는 인간의 잠재적인 능력
Polk	1997	성장의 경험으로 역경을 전환하고 전진하는 능력
Luthar	2000	어려운 상황에서도 스트레스를 거의 받지 않거나 덜 받으며 유능감으로 그 상황에 대처하여 스트레스를 낮추는 능력
Walsh	2002	역경으로부터 다시 일어나 강해지고 자원을 더욱 풍부하게 할 수 있는 능력
Reivich & shatt'e	2003	모든 사람에게 필요한 능력이며 수행, 정신적 신체적 건강과 관계하는 행복과 성공의 기본요소
Connor	2006	개인이 역경에 직면했을 때 이에 적응, 성장을 가능하게 하는 심리 사회적 특성
davydov et al.	2010	정신적 건강. 갈등과 역경을 겪은 후 평정을 되찾게 하는 능력 및 과정

<표 4-2> 회복탄력성에 대한 정의(국내)

연구자	연도	개념
박현선	1998	스트레스 이전의 적응 수준으로의 회복시키는 능력
이상준	2000	어떤 특수한 경우가 고려되며, 특히 고 위험 상황 속에서 주변성 있게 외부의 힘에 견디고 이전의 상태로 다시 돌아갈 수 있는 회복탄력성
정미현	2003	개인의 감정능력을 조절하고 변화하는 환경이 개연성 있는 상황석 사건, 혹은 내·외적 스트레스에 대해 융통성 있게 적응하는 능력
이혜리, 조한익	2005	내적 특질과 외적 요인이 상호작용하여 결정적으로 적응해 나가도록 돕는 과정적 능력
홍은숙	2006	삶의 역경에도 이겨낼 수 있는 힘의 원동력이며 긍정적인 힘
이수현	2007	역경에서 적응하고 부적응을 방지하는 개인적 특성으로 정의하고 누그러지게 하는 특성으로 작용하는 내적 구인
신우열, 김민규, 김주환	2009	시련을 만나게 되었을 때 환경에 정신적으로 극복하고 적응하는 성장 능력
김주환	2011	변화하는 환경에 적응하고 그 환경을 스스로 유리한 방향으로 이용하는 인간의 총체적인 능력. 자신에게 닥치는 역경과 어려움을 도약의 발판으로 삼는 힘
고윤희	2012	위기를 성공의 원동력으로 삼는 심리적 면역력이라 정의
이정현	2013	사람과 환경의 상호 역동적인 작용이 점진적으로 이루어지며, 변화하도록 교육이나 모델링 등을 통해 길러질 수 있는 능력

02

회복탄력성 개념의 분류

회복탄력성의 특징에 따른 개념을 분류하면 심리사회적 특성, 성격적 특성, 과정적 특성 등 <표 4-3>과 같이 정리할 수 있다.

<표 4-3> 회복탄력성의 특징에 따른 개념 유형

구분	학자(연도)	개념
심리 사회적 특성	Kanner(1989)	회복탄력성을 심한 스트레스에 대한 반응으로 잠깐의 분열이 있었던 후, 심리·사회적 평형을 다시 찾는 능력
	Fine(1991)	인간이 통제할 수 없는 역경에서 견디어 내는 능력
	Garmezy(1993)	고난, 역경에서 이전의 상태로 돌아올 수 있는 능력
	김혜성(1997)	역경 하에서 부정적인 정서를 감소하고 적응을 증진하는 인간의 잠재적인 능력
	Luthar(2000)	어려운 상황에서도 스트레스를 거의 받지 않거나 덜 받으며 유능감으로 그 상황에 대처하여 스트레스를 낮추는 능력
성격적 특성	Druss & Douglas(1998)	역경 하에서 낙관성을 갖고 잘 기능하게 하는 특성
	Wagnild & Young(1993)	스트레스의 부정적 영향을 중재하고 적응을 증진시키는 정서적인 활기 긍정적인 특성
	Holad & Terrell(1994)	외상을 견디게 하고 회복이 잘 되게 하는 요인 또는 특성
	Heinzer(1995)	개인의 상실과 불운으로부터 쉽게 회복하게 하거나 적응하게 하는 능력, 대처 자원을 작동하게 하는 역동적인 힘

구분	학자(연도)	개념
과정적 특성	Rutter(1987)	유아의 타고난 속성이나 후천적으로 획득된 것이 아니라 유아의 속성, 가족, 사회, 문화적 환경의 적절한 결합에 따라 주어진 시간에 걸쳐 일어나는 정신내적 과정
	정미현(2003)	내·외적 스트레스에 대해 융통성 있게 적응하는 능력
	Reivic & Shatt'e (2003)	모든 사람에게 필요한 능력이며 수행, 정신적 신체적 건강과 관계하는 행복과 성공의 기본요소
	김주환(2011)	변화하는 환경에 적응하고 그 환경을 스스로 유리한 방향으로 이용하는 인간의 총체적인 능력. 자신에게 닥치는 역경과 어려움을 도약의 발판으로 삼는 힘

03

회복탄력성의 이론적 관점

회복탄력성의 관점에 따른 특징은 정신분석학적 관점, 발달정신 병리학적 관점, 발달맥락주의 관점 등 <표 4-4>와 같이 정리할 수 있다.

<표 4-4> 회복탄력성의 관점에 따른 특징

구분	특징
정신분석 학적 관점	• 선천적으로 나타난 개인적인 속성의 개념 • 긍정적 적응의 원인으로서의 회복탄력성 • 적절한 자아통제를 바탕으로 융통성 있게 반응하여 성공적 적응
발달 정신 병리학적 관점	• 위험과 역경에도 불구하고 시간의 흐름에 따라 가는 역동적인 과정 • 부정적 사건이나 정서로부터 회복하는 능력
발달맥락 주의 관점	• 개인의 기질과 역동적 변화과정의 상호작용 • 스트레스나 어려움을 극복하고 성공적으로 적응하는 긍정적인 힘

가. 정신분석학적 관점에 따른 회복탄력성 특성

정신분석학적 관점에서 Bromley(2005)는 일상적인 스트레스뿐만 아니라 견디기 힘든 상황에 직면하더라도 이를 잘 이겨내고 평형을 유지할 수 있는 긍정적인 성격특성을 회복탄력성이라고 보고 있으며, Klohnen(1996)은 내적·외적 긴장 상황에 맞서 유연하고 풍부하게 적용할 수 있는 개인의 일반적인 능력을 회복탄력성으로 정의하였다.

이와 같이 정신분석학적 관점의 입장에서 회복탄력성을 연구한 학자들을 구체적으로 살펴보면 <표 4-5>와 같이 정리할 수 있다.

<표 4-5> 정신분석학적 관점에서 본 회복탄력성 특성

연구자	년도	회복탄력성 특성
김미향	2006	자신을 조절하고 문제해결 능력을 활용하여 주어진 어려운 상황에 적응할 수 있는 개인적 특성
강창실	2008	긍정적인 자신에 대한 인식을 나타내는 변수로 어려운 상황이나 불확실한 조건 하에서 자아통제수준을 조절하고 역경에 성공적으로 대처하는 능력
이진오	2008	스트레스나 역경, 혹은 위협적 환경과 같은 외부 자극에 대해 자기 스스로 자극 이전의 상태로 되돌아가는 것
김수진	2016	적절한 통제 수준을 유지하면서 가정환경의 위험 요인에 의해 영향을 받는 개인적 특성으로 문제행동을 방지하고 긍정적으로 적응할 수 있는 능력
한병래	2016	개인의 위기나 역경을 잘 견디고 회복하여 힘을 얻고 자원을 풍부하게 함으로써 긍정적인 결과를 성취하는 것
오수현	2017	마음의 유연성으로 심적인 균형을 찾는 개인의 성격특성
Block & Block	1980	상황적 사건에 대한 풍부한 적응능력
Fine	1991	개인이 통제할 수 없는 상황에서도 이를 잘 견뎌내는 능력
Block	1993	자아통제의 수준을 조절하는 개인의 능력이며 환경적 맥락에서 요구하는 성격의 기능
Block & Kremen	1996	변화하는 다양한 상황적 요구에 융통성 있게 반응하는 경향성으로서의 성격특성
Klohnen	1996	내·외적 긴장상황에 맞서 유연하고 풍부하게 적응할 수 있는 개인의 일반적 능력
Hobfoll	2002	개인의 긍정적인 특성
Gable & Haidt	2005	개인의 긍정적인 특성으로 문제 상황에 직면하게 될 시 고통을 완화시키며, 나아가 사회 번성에 기여하는 것
Bromley	2005	일상적인 스트레스뿐만 아니라 견디기 힘든 상황에 직면하더라도 이를 잘 이겨내고 평형을 유지할 수 있는 긍정적인 성격특성

나. 발달정신병리학적 관점에 따른 회복탄력성 특성

발달정신병리학적 관점에서 Masten(2001)은 중대한 위험에 노출된 적이 있는 사람이 최소한 정상적인 발달의 결과를 성취하는 것으로 회복탄력성을 정의하고 있으며, Garmezy(1993)는 불행한 사건 속에서도 역경을 극복하여 긍정적인 발달과 적응을 이루며 역동적으로 변화해 가는 과정으로서 회복탄력성을 설명하고 있다.

이외에도 발달정신병리학적 관점에서 회복탄력성을 연구한 학자들의 정의를 구체적으로 살펴보면 <표 4-6>과 같이 정리할 수 있다.

<표 4-6> 발달정신병리학적 관점에서 본 회복탄력성 특성

연구자	년도	회복탄력성 특성
Garmezy & Rutter	1985	만성적인 스트레스와 역경에도 불구하고 긍정적인 적응을 이룬 상태
Rutter	1985	스트레스 또는 역경의 상황에 긍정적으로 적응하는 능력과 함께 내·외적으로 경험할 수 있는 위험요인과 보호요인 사이의 상호작용을 포함하는 역동적인 과정
Masten, Best, & Gramesy	1990	위험에도 불구하고 효과적인 기능을 유지하거나 회복되는 것, 그리고 내적 혼란상태 이후에 성공적으로 적응하는 것
Werner	1990	스트레스 상황에 노출된 후에도 성공적으로 적응할 수 있는 능력
Garmezy	1993	불행한 사건 속에서도 역경을 극복하여 긍정적인 고위험의 상황을 잘 대처하고 회복하는 적응능력발달과 적응을 이루어 내며 역동적으로 변화해 가는 과정
Luther & Zigler	1993	고위험의 상황을 잘 대처하고 회복하는 적응능력
Masten	1994	역경의 상황에서도 환경 안에서 효과성을 긍정적으로 성취하고 지속하며 회복하는 능력
Masten& Coatsworth	1998	위험이나 역경, 스트레스에도 불구하고 환경에 성공적으로 적응하는 것으로 긍정적인 결과나 유능성을 이루는 능력
Masten	2001	중대한 위험에 노출된 적이 있는 사람이 최소한 보통 또는 정상적인 발달 결과를 성취하는 것

연구자	년도	회복탄력성 특성
Yast, Egeland& Sroufe	2003	위험 또는 역경에 처한 상황에서 개인이 나타내는 다양한 반응들 중 긍정적으로 적응하는 측면
Naglieri & LeBuffe	2006	중대한 위험, 역경, 또는 스트레스에도 불구하고 긍정적 결과, 적응 또는 발달과업이나 유능성의 획득을 의미하는 것으로, 보호요인과 위험요인의 복잡한 상호작용으로 나타나는 다변인적 구성 개념
Masten & Wright	2010	개인의 특성을 뛰어넘는 역동적인 과정
Taub & Pearrow	2013	일상적인 스트레스상황 또는 전 생애의 발달과정에서 겪을 수 있는 변화에 대하여 건강하고 융통성 있게 적응할 수 있는 능력

다. 발달맥락주의 관점에 따른 회복탄력성 특성

발달맥락주의 관점에서 Rutter(1987)는 개인의 기질 뿐만 아니라 정신적 상호작용과 경험까지 고려해야 하는 개념으로 회복탄력성을 정의하고 있으며, 개인의 내적 특성과 환경적요인의 상호작용, 그리고 가족 내적요인과 외적요인의 상호작용에 관한 연구가 필요함을 주장하고 있다. Oerter(1999)는 개인과 환경의 역동적인 상호작용을 통하여 발달과정에서 점진적으로 형성되는 것으로서 회복탄력성을 설명하고 있다.

이와 같이 발달맥락주의 관점의 입장에서 회복탄력성을 연구한 학자들의 정의를 살펴보면 <표 4-7>과 같이 정리할 수 있다.

<표 4-7> 발달맥락주의 관점에서 본 학자들이 회복탄력성

연구자	연도	회복탄력성 특징
Rutter	1987	개인의 기질 분만 아니라 정신적 상호작용과 경험까지 고려해야 하는 것으로 유전과 환경적 요인의 상호작용, 그리고 가족 내적요인과 외적요인의 상호작용까지 포함하는 개념
EgelandCarlson, & Sroufe	1993	개인의 생물학적, 심리적, 환경적 요인과의 상호작용을 통해 발달하는 능력을 의미하는 것으로, 발달적인 통합이 일어날 때마다 개인과 환경의 상호작용 맥락 안에서 시간에 걸쳐 변화하는 것
Dyer &	1996	개인적 능력과 환경적 요인들의 상호작용에 영향을 받는 것으

연구자	연도	회복탄력성 특징
McGuinness		로서 타고난 것이 아닌 매우 역동적인 것으로 시간의 흐름에 따라 변화하는 것을 의미
Oerter	1999	개인과 환경의 역동적인 상호작용을 통해 발달과정에서 점진적으로 형성되는 것으로서 고정되어 있는 능력이 아닌 변화가능한 것을 의미
Ruttar,Ciccheetti, & Becker	2000	일반 사람들이 발휘할 수 있는 보편적인 적응기제로서 역경이나 스트레스 상황에서 잘 적응할 수 있는 능력
Brooks & Goldstin	2001	여러 가지 능력을 의미하는 것으로, 즉 스트레스와 압력을 효과적으로 다룰 수 있는 능력, 일상적인 도전에 대처할 수 있는 능력, 좌절이나 실수, 외상, 역경에서 회복할 수 있는 능력, 명백하고 현실적인 목표를 세울 수 있는 능력, 다른 사람과 편안하게 상호 작용할 수 있는 능력, 자신과 타인을 존중하고 존엄성을 인정할 수 있는 능력을 의미
Deater-Deckard, Ivy & Smith	2004	기질, 인지능력과 같은 개인적 속성과 부모의 지지, 양육태도, 외부환경의 여건과 같은 환경적 요소의 개인차가 관여하는 발달과정으로서 유전과 환경의 상호작용결과
Harvey & Delfabbor	2004	개인 내적인 특성인 동시에 사회적, 상황적 맥락에서 나타나는 특성으로서 개인의 노력분만 아니라 환경적인 영향과 함께 다루어져야 하는 것
Ungar	2008	개인 내적 특성, 가족적 차원, 그리고 사회문화 및 환경의 모든 역할들을 포함하는 개념
Leipold & Greve	2009	주어진 환경에 성공적으로 적응하는 능력으로서 개인과 환경의 상호작용 속에서 체계적으로 이해되어야 하는 개념이며, 위험요소에 높은 환경에 노출되어 있더라도 개인 내적요인과 외적요인의 지지와 보호로 인하여 유능한 발달을 이루어 내는 것을 의미
Beasley-Sullivan	2010	생애 전반에 걸친 매우 역동적인 과정

CHAPTER

05

회복탄력성의
구성요소

회복탄력성의 구성요소 분류

　이신숙(2013)은 회복탄력성 구성요소를 자기조절능력, 대인관계능력, 긍정성을 제시하였다. 회복탄력성 구성요소를 <표 5-1>과 같이 정리할 수 있다.

<표 5-1> 회복탄력성 구성요소에 대한 학자들의 분류

연구자	연도	구성요소
Wagnild & Young	1993	인내심, 의지력, 독립심, 자기신뢰, 평정심
Russell & Russell	1995	자기신뢰, 융통성, 개인적비전, 조직력, 문제해결능력, 대인관계, 사회성, 계획성
Dyer와 McGuiness	1996	자아의식, 결단력, 유연성, 친사회적태도
Constantine	1999	문제해결력, 자기신념, 목표지향성, 자아인식, 자기효능감, 낙관성, 협동, 공감능력, 대화기술
Reivich & Shatte	2002	감정통제력, 충동통제력, 낙관성, 원인분석력, 공감능력, 자기효능감, 적극적인 도전성
Friborg	2005	자아개념, 조직화, 사회적능력, 미래에 대한 지각, 가족결속력, 사회적 자원
이해리, 조한익	2005	정서차원, 의지차원, 지적차원, 학교차원, 또래차원
홍은숙	2006	개인내적차원, 외적차원, 사회성
Ryan & Caltabiano	2009	자기효능감, 내적통제력, 사회성
신우열, 김민규, 김주환	2009	통제성, 긍정성, 사회성
주소영, 이양희	2011	부정적 감정의 인내, 문제해결 능력, 자기와 타인에 대한 신뢰, 학업적 유능감
김주환	2011	자기조절능력, 대인관계능력, 긍정성
이신숙	2013	자기조절능력, 대인관계능력, 긍정성

출처: 정은주(2017)

회복탄력성의 구성요소

가. 통제성

자신의 감정을 인식하고 조절하는 능력을 의미하며, 역경이나 어려움을 성공적으로 극복해내는 사람들에게서 공통적으로 나타나는 특징이다. 통제성이 높은 사람은 자신이 가진 자원이 무엇인지 분명히 알고, 그 자원을 어떻게 활용할지를 끊임없이 탐색할 수 있다. 또한 스스로 경험하는 부적정서를 조절하고, 자신의 욕구나 충동을 통제할 수 있다. 하위요소로는 원인분석, 감정통제력, 충동억제력이 있다.

1) 원인분석력

원인분석은 귀인성향과 관련이 있는 요소이다. 즉, 원인을 어떻게 귀인하느냐에 따라 반응하는 양상이 달라진다(권석만, 2003, 강남욱, 2012). 원인분석력이 떨어지면 일상생활에서 겪는 사건들의 원인이 오류를 겪게 되고 이런 잦은 오류로 인해 스트레스가 증가하고 이와 같은 스트레스가 심해지면 우울증까지 오게 된다(강남욱, 2012).

회복탄력성이 높아지면 스트레스 상황 속에서도 원인을 정확히 알고, 삶의 의미를 부여하여 효과적인 대처를 할 수 있게 되므로 갈등상황을 최소화하게 될 것이다. 따라서 원인분석이란 자신이 처한 상황을 객관적이고도 정확하게 파악해서 대처방안을 찾아낼 수 있는 능력을 의미한다.

2) 감정통제력

감정통제력은 갈등과 스트레스 상황 속에서도 자기 스스로 감정과 행동을 조절하여 평온함을 유지하는 능력이다. 회복탄력성이 높은 사람은 자신의 감정을 통제하고 조절하여 적절하게 표현함으로써 역경을 이겨낼 수 있다.

또한 감정을 적절히 조절하면 문제 상황의 발생이 적게 일어나게 된다. 감정통제는 부정적인 감정을 참고 억누르는 것뿐만 아니라, 스스로의 감정을 조절하여 긍정적인 정서로 나아갈 수 있게 해주는 능력이다. 따라서 감정통제력은 어려운 상황이 닥쳤을 때 스스로의 부정적인 감정을 통제하고 긍정적인 감정과 건강한 도전의식을 불러일으킬 수 있는 능력을 의미한다.

3) 충동통제력

매슬로우(Maslow, 1998)는 사람이 움직이는 데에는 두 가지의 기본적인 동기가 있다고 보았다. 하나는 결핍 동기로, 부족한 부분을 채우려는 것이고, 다른 하나는 성장 동기로, 자기모습을 발전시키기 위해 노력하는 것이다. 충동억제력은 성장 동기와 관련된다(이신숙, 2013, 13). 원하는 것을 얻기 위해 현재의 일시적인 충동이나 즉각적인 만족을 추구하지 않고 인내할 수 있는 능력이다(김주환, 2011). 이 요인은 충동을 무조건 참고 견디는 것이 아닌 스스로 미래에 보다 나아지길 바라는 긍정적인 마음으로 자신을 조절하는 능력을 의미한다(이금희, 2016).

나. 긍정성

긍정성은 회복탄력성의 다른 요소인 통제성과 사회성을 향상시킬 수 있는 요인이 된다. 긍정적 정서를 키운다는 것은 곧 스스로 행복해짐으로써 자기 통제 능력을 높인다는 뜻이고, 자신의 행복을 타인에게 나눠줌으로써 대인관계능력을 향상시킨다는 뜻이다(김주환, 2011). 긍정성의 하위요인으로는 감사하기, 생활만족도, 낙관성이 있다.

1) 감사하기

감사는 사회적 관계를 확장·축적하여 학생의 회복탄력성 발달에 크게 기여한다. 감사에 관한 최근의 연구 결과에 따르면, 감사 정서를 경험하는 것이 자신의 일에 대한 만족도를 높여줄 뿐만 아니라 타인을 향한 수혜자의 관점을 확장시켜주고, 수혜자로 하여금 동일한 사회적 범주에서 새로 만나는 낯선 사람을 표상하도록 만들어 줌으로써 일종의 상향적 호혜성을 창출할 수 있다(추병환, 2017).

또한 감사하기는 긍정적인 심리상태를 유지하기 위해 가장 강력하고 지속적인 효과를 지닌 것으로 일상생활에서도 감사를 실천하는 것은 회복탄력성을 높이는 데 적절한 방법 중 하나이다.

2) 생활만족도

만족도는 개인이 설정하는 것이며, 이 과정은 의식적이고 인지적 과정이다. 생활만족도 역시 스스로 본인의 삶의 질을 판단하는 과정으로 본인이 원하는 삶의 모습과 차이가 어느 정도 나느냐를 판단하는 것이다(이신숙, 2013, 11).

생활만족도가 높고 만족스러운 사람은 문제를 잘 해결하고 수행능력이 뛰어나며, 다른 사람과 의미 있는 사회적 관계를 맺는다. 또한 스트레스를 잘 이겨내며, 신체적·정신적으로 건강하다(박경은, 2014, 16).

3) 낙관성

낙관성은 미래에 일어날 일에 대한 희망적이고 긍정적인 경향성을 의미하며, 실패와 고난에도 불구하고 마음을 유지할 수 있는 능력이다. 낙관적인 사람의 특징은 부정적인 생각이나 말 대신 희망적이고 긍정적인 태도로 현실의 역경을 극복해 나간다(seligman, 2004,). 이들은 자신이 처한 부정적인 상황을 이해하고 극복하기 위해 긍정적인 태도를 유지하며 의도적으로 긍정적인 생각을 한다.

낙관성은 긍정 정서와 연관되어 있기 때문에 긍정 정서의 활성화를 촉진한다. 또한 긍정 정서는 좋은 기분을 유지하는 것과 면역 기능 강화에 도움을 준다. 낙관성은 개인이 긍정적 사건과 부정적 사건의 원인을 설명하는 방식에 관련되어 있다는 점에서 낙관성을 하나의 설명 양식으로 이론화할 수 있다. 비관적인 사람을 나쁜 사건의 원인을 불안정하며, 특수하고, 외적인 원인에서 찾으면서 좋은 사건의 원인은 안정적이며, 전체적이고, 내적인 원인에서 찾는다. 그러나 낙관적인 사람은 자신의 삶에서 좋은 우연의 공로를 인정하고, 긍정적인 사건의 개인적 원인이 미래에도 지속될 것이라고 믿는다.

다. 사회성

사회성은 다른 사람의 마음과 감정 상태를 재빨리 파악하고, 깊이 이해하고, 공감함으로써 원만한 인간관계를 맺고 유지하는 능력이다. 따라서 사회성이 높은 사람은 그가 속한 사회에서 높은 리더십을 발휘할 수 있다. 사회성의 하위요인으로는 관계성, 소통능력, 공감능력이 있다.

1) 관계성

관계성은 원만한 인간관계를 유지하기 위한 중요한 능력으로 자기 자신이 타인과 얼마나 연결되어 있는지를 느끼는 정도를 뜻한다. 관계성이 좋은 사람의 특징은 함께 있으면 행복감을 느끼게 되는데 그 이유가 타인의 마음을 잘 헤아리고, 잘 이해해 주는 등 대처하는 능력이 있기 때문이다(이금희, 2016). 선행연구를 살펴보면 다른 사람과의 관계 속에서 친밀감에 대한 지각은 부정적인 정서를 완화시켜 관계의 변화를 개선하는 데 큰 영향을 준다(박경은, 2014).

2) 의사소통능력

의사소통능력이란 나와 타인과의 상호작용을 통해 생각이나 정보 등의 메시지를 효과적으로 주고받으며 서로에 대한 관계를 원만하게 유지하는 능력을 의미한다.

인간관계를 유지하기 위해서 꼭 필요한 능력 중 하나는 의사소통능력이다. 사람과 사람 사이에 맺는 모든 관계는 의사소통을 기본으로 이루어지기 때문이다. 따라서 의사소통능력은 인간관계를 진지하게 맺고 오래도록 유지하는 능력이다. 회복탄력성이 높은 집단을 보면, 의사소통능력이 뛰어나고, 생활만족도가 높다고 한다(박경은, 2014). 그들은 갈등상황에서도 자기의 상황을 적절하게 표현하여 부정적 감정을 해소하고 정서적 위안을 얻는 것이다.

3) 공감능력

공감은 상대방의 감정이나 생각을 알아차리고, 다른 사람의 입장에서 대신 경험하는 인지적 과정을 의미한다. 표정이나 목소리 톤, 자세나 행동 등을 통해 상대방이 어떤 생각이나 느낌을 갖고 있는지 알아채는 능력은 인간관계를 잘 유지하고 타인을 설득하기 위한 기본적 자질이다. 공감능력이 높은 사람은 타인과의 관계에서 적절한 반응과 바람직한 상호작용을 사용할 수 있다(이금희, 2016).

따라서 신우열, 김민규, 김주환(2009)이 제시한 9가지 구성요인을 회복탄력성의 하위 구성 요인으로 설정하면 아래의 <표 5-2>와 같이 정리할 수 있다.

<표 5-2> 회복탄력성의 하위 구성요소

구분	구성요소	주요내용
통제성	원인분석력	자신이 처한 상황을 객관적이고도 정확하게 파악해서 대처방안을 찾아낼 수 있는 능력
	감정통제력	어려운 상황이 닥쳤을 때 스스로의 부정적인 감정을 통제하고 긍정적인 감정과 건강한 도전의식을 불러일으킬 수 있는 능력
	충동통제력	기분에 휩쓸려 충동적인 반응을 억제할 수 있는 능력
긍정성	감사하기	긍정적인 심리상태를 유지하기에 가장 강력하고 지속적인 효과를 지닌 것
	생활만족도	개인이 자신의 삶의 질을 판단하는 과정
	낙관성	미래에 대한 긍정적인 기대와 미래에 어쩔 수 없이 겪게 되는 역경을 해결할 수 있다는 믿음
사회성	관계성	자기 자신이 다른 사람과 연결되어 있다고 느끼는 정도
	의사소통능력	인간관계를 진지하게 맺고 오래도록 유지하는 능력
	공감능력	다른 사람의 가정이나 생각을 감지하고 그것을 상대방의 입장에서 대신 경험하는 인지적 과정으로 원만한 인간관계를 맺고 유지할 수 있는 능력

03

성인 회복탄력성의 구성요소

가. 회복탄력성의 구성요소

성인회복탄력성의 구성요소로서 선행연구를 살펴보면 Wagnilld & Young은 회복탄력성의 구성요소로 자기신뢰, 인내심, 독립심, 의지력, 평정심을 제시하였다. Reivich & Shatte은 회복탄력성 구성요소로 낙관성, 정서조절력, 충동통제력, 원인분석력, 자기효능감, 공감능력, 적극적 도전성을 제시하였다.

Friborg et al.은 미래에 대한 지각, 조직화, 자아개념, 사회적 능력, 사회적 자원, 가족 결손력을 제시하였으며, Ryan & Caltabiano은 내적통제력, 자기효능감, 가족·사회 지원망, 인내심, 적응력을 회복탄력성의 하위요인으로 제시하였다.

김주환(2011)은 회복탄력성 하위요인을 자기조절능력과 대인관계능력, 긍정성으로 나누어 제시하였다. 자기조절능력에는 감정조절력, 충동통제력, 원인분석력이 포함되고, 대인관계능력에는 소통능력, 공감능력, 자아 확장력이 포함되며, 긍정성에는 자아낙관성, 생활만족도, 감사하기가 포함된다.

김주환(2011)의 회복탄력성 하위요인을 <표 5-3>과 같이 정리할 수 있다.

<표 5-3> 회복탄력성 하위요인

하위요인	내용
자기조절능력	감정조절, 충동통제력, 원인분석력
대인관계능력	소통능력, 공감능력, 자아 확장력
긍정성	자아 낙관성, 생활만족도, 감사하기

회복탄력성의
위험요인과
보호요인

유아기 회복탄력성의
위험요인과 보호요인

　회복탄력성은 인간의 긍정적인 능력을 총체적으로 다루고 있는 학문으로서 학자들마다 제시하는 구성요인의 범위는 매우 넓다(좌현숙, 2010; 홍은숙, 2006). Wagnild와 young(1993)은 회복탄력성의 구성요인을 인내심, 자기 신뢰, 의지력, 독립심, 평정심과 같이 개인 내면의 강점들을 중심으로 구성했으며, Hanson과 Kim(2007)은 개인적 자산과 환경 자산으로 회복탄력성의 범주를 구분하여 개인적 자산은 협력, 의사소통, 공감능력, 문제해결력, 자기효능감, 자기 인식, 목적과 포부로 하위요인들을 구성하였고 환경자산은 가정, 학교, 지역사회, 또래와 관련된 요소들을 하위요인으로 구성하였다. 이와 같이 선행연구에서 제시하고 있는 회복탄력성의 구성요인들을 국내학자와 국외학자로 구분하여 <표 6-1>, <표 6-2>와 같이 정리할 수 있다.

<표 6-1> 회복탄력성 구성요인 (국내)

연구자	년도	구성 개념	
김혜성	1997	심리적 속성	상황의 실체인정, 부정적 정서 부인, 삶에 대한 의욕, 책임감, 자신감, 용기, 희망, 긍정적 의미추구, 목표설정 및 추구, 자부심, 수용성, 자발성, 계획성, 적극성 의지력, 융통성, 창의성
손석호	2000	대인관계, 활력성, 호기심, 낙관성	
이지연	2000	또래관계, 자신감, 감정통제능력, 자기수용 및 낙관성, 가족관계	

연구자	년도	구성 개념	
윤현희, 홍창희, 이진환	2001	또래관계와의 낙관성, 공감과 자기수용, 집중력과 자신감, 이해력, 리더십	
김승경	2004	주도성과 낙천성, 관계성, 이해력, 공감	
송희영, 임지영, 남경아	2006	미래지향성, 이타주의, 낙천주의와 희망, 위기직면, 성숙, 자기통제	
이해리, 조한익	2006	개인 내적요인	인지적 차원, 정서적 차원, 의지적 차원, 영적 차원
		외적 보호요인	학교차원, 가정차원, 지역사회차원 및 또래차원
홍은숙	2006	개인내적 자원	원인분석력, 감정통제력, 충동통제력, 생활에 대한 만족, 낙관성
		외적 자원	부모-자녀관계 등의 가정 내 환경
		사회성	대인관계, 커뮤니케이션 능력, 타인에 대한 공감
김현아, 김성희	2007	강인성, 종교성향, 친밀감, 사회적지지, 꿈과 목표, 실존적, 영성, 인내심	
전희숙	2007	대인관계, 낙천성, 인기·인정 가족관계, 성격안정, 인지능력, 정서표현력	
민동일	2007	흥미와 관심의 다양성, 감정조절, 긍정적 미래 지향성	
신혜경	2008	자기주도성, 기질적 성향, 낙관성, 유능감	
구희정, 강정원	2009	주도성, 자기통제력, 애착, 문제행동	
신우열, 김민규, 김주환	2009	통제성	원인분석력, 감정통제력, 충동통제력
		긍정성	감사하기, 생활만족도, 낙관성
		사회성	관계성, 커뮤니케이션 능력, 공감능력
이지원, 유형근, 신효선	2009	활력성, 대인관계, 감정통제, 호기심, 낙관성	
정혜인	2010	회복능력, 대인관계, 스트레스대처, 인지능력	
김미향, 김성희	2010	긍정사고, 문제해결, 친밀행동, 감정조절, 자율행동	
김지현	2010	낙천성, 자율성, 및 능동적인 활동성, 타인에 대한 공감, 사회적 유능성, 원만한 대인관계	

연구자	년도	구성 개념	
김주환	2011	자기조절능력	감정조절력, 충동통제력, 원인분석력
		대인관계능력	소통능력, 공감능력, 자아확장력
		긍정성	자아낙관성, 생활만족도, 감사하는 태도
주소영, 이양희	2011	부정적 감정의 인내, 자기와 타인에 대한 신뢰, 문제해결 능력, 학업적 유능성	
김희정	2012	감정통제력, 충동통제력, 낙관성, 원인분석력, 공감능력, 자기효능감, 적극적 도전성	
이병임, 이희수, 류형선	2012	자기조절능력, 대인관계, 긍정성	
이소미	2012	감정통제력, 충동억제력, 낙관성, 원인분석력	
이신숙	2013	자기조절능력	감정조절력, 충동통제력, 자아존중감
		대인관계능력	의사소통, 타인의 공감성, 자아확장력
		긍정성	자아낙관성, 감사성
이연실	2013	정서적	자기신뢰, 자기가치, 안정성
		사회 · 환경적	대인관계, 자신감, 긍정적 관계, 상호작용
		유능성	유능성, 활력성, 생산적 활동
		미래지향적	성취지향성, 도전성
이정현	2013	자기조절능력, 대인관계능력, 긍정성	
박주희	2013	적극적도전성, 정서조절력, 낙관성, 공감능력, 원인분석력	
최진성	2013	정서조절력, 충동통제력, 낙관성, 원인분석력, 공감능력, 자기효능감, 적극적 도전성	
정대봉	2014	통제성, 사회성, 긍정성	
김나미	2014	원인분석력, 감정통제력, 충동통제력, 감사하기, 생활만족도, 낙관성, 관계성, 커뮤니케이션 능력, 공감능력	
조한주	2016	통제성, 사회성, 긍정성	

<표 6-2> 회복탄력성 구성 개념 (국외)

연구자	연도	구성 개념
Block & Block	1980	문제해결력, 성격의 안정성, 자신감, 적응력, 또래관계, 인지능력
O'connelHiggins	1983	활력성, 감정통제력, 대인관계, 낙관성
Rutter	1985	힘과 통제, 목표행동, 믿음, 자아존중감, 자아효능감, 적응, 애착, 성공경험
Wagnild & Young	1993	인내심, 의지력 독립심, 자기신뢰, 평정심
Wolin & Wolin	1993	통찰력, 독립심, 관계성, 주도성, 유머, 창의성, 도덕성
Wolff	1995	자기가치, 자기효능감, 긍정적 반응, 사교성, 적응성
Grotberg	1995	외적지지, 내적 힘, 대인관계기술, 문제해결기술
Russell & Russell	1995	자기신뢰, 융통성, 개인적 비전, 조직력, 문제해결력, 대인관계, 사회성, 계획성
Dyer와 McGuiness	1996	자아의식, 결단력, 유연성, 친사회적 태도
Kaplan, Turner Norman, & Stillson.	1996	낙천성, 의사소통능력, 자기효능감, 환경인식, 문제해결력, 방향성, 민감성, 유머
Klohnen	1996	자율성, 생산적 활동, 낙관적 태도, 대인관계, 기술적 표현
Block & Kremen	1996	친구관계, 활력성, 감정통제, 낙관성, 호기심
Doll & Lyon	1998	낙천성, 대인관계, 자기효능감, 자기 확신, 탄력적 신념체계, 활동성
Constantine	1999	문제해결력, 자기신념, 목표지향성, 자아인식, 자기효능감, 낙관성, 협동, 공감능력, 대화기술
Jew, Green, & Kroger	1999	낙관성, 미래지향성, 타인믿음, 독립성
Lebuffe& Naglieri	1999	보호요인-애착, 자기통제, 주도성
		위험요인- 염려스러운 행동
Block & Goldstein	2002	긍정적 수용, 안정된 애착, 실수와 경험을 통한 배움, 자발성과 자기결정, 책임감
Miller	2002	성공적인 경험과 강점, 자기결정권, 전환기
Reivich & Shatte	2002	감정통제력, 충동통제력, 낙관성, 원인분석력, 공감능력, 자기효능감, 적극적인 도전
Connor & Davidson	2003	개인적 능력, 긍정성, 부정적 영향에 대한 내성, 자기조절력, 영성, 변화에 대한 수용과 안전

연구자	연도	구성 개념
Friborg, Barlaug, Martinussen, Rosenvinge,& Hjeimdal	2005	자아개념, 조작화, 사회적 능력, 미래에 대한 지각, 가족결속력, 사회적 자원
Hanson & Kim	2007	개인적 자산 – 협력, 의사소통, 공감능력, 문제해결력, 자기효능감, 자기 인식, 목적과 포부
		환경 자산 – 가정, 학교, 지역사회, 또래와 관련
Morrison &Allen	2007	자율성, 목적의식, 사회적 능력, 문제해결, 성취동기
Ryan & Caltabian	2009	자기효능감, 내적통제력, 인내심, 가족·사회지망, 적응력
Ce'nat & Derivois	2014	침착성, 자주성, 인내심, 저항력, 주체성

이와 같이 선행논문에 나타난 학자들의 정의를 종합해보면 유아 회복탄력성은 삶에서 겪을 수 있는 고통스러운 위험과 스트레스 가운데에서도 융통성과 적극성을 발휘하여 유연한 삶의 적응력을 보이는 것을 의미하는 것으로, 유아의 내적 특성에 초점을 두고 있다는 사실을 발견할 수 있다.

Didier(2012)는 회복탄력성이 높은 유아들의 정서적·사회적 특징에 대해 다음과 같이 설명하고 있다.

회복탄력성이 높은 유아들의 정서적 특징은 첫째, 어른과 똑같이 행동하려고 하지 않는다, 둘째, 자신의 감정을 솔직하게 표현한다. 셋째, 자신을 사랑한다. 넷째, 일상에서 소소한 기쁨을 발견한다. 다섯째, 자신감이 넘친다. 여섯째, 자신의 장점을 활용한다. 일곱째, 독립적인 성향이 강하다는 특징을 보인다.

회복탄력성이 높은 유아들의 사회적 특징은 첫째, 다른 사람과 소통을 즐긴다. 둘째, 다른 사람과 공유하는 것을 좋아한다. 셋째, 다른 사람을 인정함과 동시에 자신의 의견을 당당히 주장한다. 넷째, 현실의 구성이나 제약을 기꺼이 받아들인다. 다섯째, 어른의 권한을 인정한다. 여섯째, 사회적이다라는 공통된 행동특성을 보이는 것으로 기술하고 있다.

가. 유아 회복탄력성의 내적 구성 요인

유아의 회복탄력성을 구성하고 있는 유아내적요인은 개인이 가지고 있는 잠재적인 기질 및 성격특성과 관련되어 있는 것으로, 내면에 존재하고 있는 강점들이 회복탄력성에 긍정적으로 영향을 미치는 것을 의미한다(Bernard, 1994; Ungar, 2008).

회복탄력성의 개인 내적인 요인에 포함되는 요소들은 범위가 매우 넓고 다양하여 어느 것이라 손꼽아 이야기할 수가 없다. 하지만 많은 학자들이 공통적으로 제시하고 있으며 유아의 수준에서 중요하게 다루어져야 할 회복탄력성의 내적요인, 즉 자기 조절, 자기 효능, 긍정 정서, 공감적 태도를 중심으로 구체적인 내용을 살펴보면 다음과 같다.

첫째, 자기 조절은 자신에게 주어진 임무와 목료를 달성하기 위해 일시적인 충동과 욕구를 참아낼 수 있는 능력으로 즉각적인 만족을 지연하고 본 업무에 충실히 집중할 수 있는 것을 의미한다(김지민, 2015; 조춘범, 조남홍, 2011). 자기조절은 생애 초기에 발달이 되는 핵심적이고 중요한 인지 발달적 특징 중의 하나로서 유아기부터 시작하여 사회화 과정을 거쳐 성숙한 단계로까지 나아간다(Flavell, 1979).

둘째, 자기효능은 주어진 과제를 성공적으로 해결할 수 있다는 자기 자신에 대한 신념으로 자신의 능력에 대한 판단을 의미한다.(김태희, 2013). 자기 효능에 관한 선행연구를 살펴보면 김봉구(2016)는 자기 효능이 높은 사람과 낮은 사람이 위협적인 상황에 직면하게 될 때 보이는 성향에 대하여 제시하고 있다. 즉, 자기 효능이 높은 사람은 역경의 상황을 성공적으로 수행하기 위해 도전적인 성향을 보이는 반면, 자기 효능이 낮은 사람은 상황을 회피하려고 하며 본인이 통제할 수 있는 범위 내에서만 문제를 해결하려고 한다. 또한 박남수(2015)에 의하면 자기효능이 높은 유아의 경우 스스로에 대해 긍정적으로 평가하며 역경의 상황에서도 이를 잘 극복하는 힘이 있다고 주장한다.

셋째, 긍정 정서는 주관적 안녕감에 핵심적인 요소로서, 자신이 생활하고 있는 환경적 자극과 앞으로 경험할 일들에 대한 긍정적인 감정과 기분을 의미한다(Fredrickson, 1998). 선행연구에 따르면, 긍정 정서가 높은 유아는 삶에 대해 만족하고 행복해하며 스트레스를 잘 이겨낼 뿐 아니라 신체적·정신적으로 건강하다는 것을 알 수 있으며(Park, 2004), 미래에 부정적인 사건보다는 좋은 일이 일어날 것이라는 기대를 하는 것으로 나타났다(권석만, 2008).

넷째, 공감적 태도는 타인의 감정과 심리 상태, 혹은 경험을 마치 나의 것처럼 느끼는 것으로 다른 사람의 내적 경험을 매순간 함께 느끼고 인지하는 능력에 기초를 두는 정신 내적 현상이다(이희경, 1999). 이러한 공감적 태도는 긍정적 대인관계 형성의 기초가 되며(Didier, 2012), 공감을 잘하는 유아는 관계 속에서 문제를 발생하더라도 상대의 입장에서 생각하고 이해할 수 있는 능력이 높기 때문에 인정과 배려, 빠른 상황 대처 의견 조율의 능력을 잘 발휘할 수 있다(박남수, 2015; 이희경, 1999).

이상으로 살펴본 자기 조절, 자기 효능, 긍정 정서, 공감적 태도는 유아 회복탄력성 내적요인의 범주를 측정하는 중요한 지표로서 필수적인 구성요인들이라는 것을 확인할 수 있다.

나. 유아 회복탄력성의 외적 보호요인

유아의 회복탄력성에 있어서 유아의 외적보호요인이란 특정한 위험요인이 유아의 삶에서 문제를 일으키는 것을 직접 또는 간접적으로 방지하며, 바람직하지 않은 결과의 발생 가능성을 낮추거나, 부정적 발달경로에서 유아를 보호해주는 것을 의미한다(Goldstein & Brooks, 2009).

위험요인이란 바람직하지 않은 결과와 관련된 변인을 뜻하는 것으로(Goldstein &Brooks, 2009), 심리적, 정서적, 행동적 문제를 일으킬 수 있는 개인내적인 특성과 환경적 결함까지를 모두 포함하는 개념이다(박순희, 2008; 이해리, 2007). 위험요인에 해당하는 하위요소로서는 선천적인 질병, 장애, 까다로운 기질, 낮은 자아존중감과 같은 개인적인 위험요소, 그리고 빈곤, 부족한 사회적 지원체계, 불리한 사회경제적 조건, 열악한 치안과 같은 사회적 차원의 위험요소들을 예로 들 수 있다(구희정, 2010).

유아 회복탄력성의 외적보호요인으로서는 부모가 핵심적인 역할을 한다는 사실은 많은 선행연구에서 밝혀진 바가 있다. 한 사례로, 학대를 받았음에도 불구하고 긍정적인 발달을 보인 유아들에게는 지지적이고 온정적이며 사랑으로 양육을 해주는 부모 또는 양육자가 있다고 보고한다. 또한 다른 연구들(Newton, Litrownik, & Landsvert, 2000; Widon, 1991)에서는 애정적이고 안정적인 양육태도를 보이는 부모 아래에서 성장한 유아들이 외상 후 스트레스장애와 우울 장애를 겪게 될 가능성이 적으며, 폭력적이고 반사회적 행동을 보이는 위험이 낮다는 연구 결과가 나타났다.

회복탄력성은 주된 구성요소인 위험요인(risk factor)과 보호요인(protective factor)

간의 상호작용으로 이루어진다(Elias & Rosenblatt, 2005). 위험요인(risk factor)은 심리, 정서, 행동적 문제를 확대할 가능성을 증가시키거나 기대되는 수준의 능력을 성취하는 것을 방해하여 부정적 결과로 이끄는 조건들이며 보호요인(protective factor)은 어려움이나 위험적 상황에 대항하는 능력으로 위험요인의 영향을 감소시킴으로써 적응력을 향상시키는 요인이다(홍은숙, 2006; Wright & Masten, 2005). 이에 학자들은 유아의 성장과 관련된 변인을 기준으로 위험요인과 보호요인을 살펴보았으며 다각도에서 접근하였으며 <표 6-3>과 같이 정리할 수 있다.

<표 6-3> 회복탄력성이 위험요인과 보호요인

홍은숙 2006	개인적요인	위험요인	낮은 지능, 낮은 자존감, 까다로운 기질
		보호요인	기질, 인지, 성별, 자율성, 사회적 능력, 긍정적인 자기평가 및 자아감, 스트레스 극복능력, 내적 통제력
	가정내요인	위험요인	만성적 가정불화, 왜곡된 부모와 자녀의 상호작용, 부모의 범죄성이나 심리적 장애, 잘못된 양육방식, 불행한 사건
		보호요인	부모의 따뜻한 정서, 한명 이상의 양육자와 안정적인 관계, 가족의 결속력, 부부의 조화 등
	사회적요인	위험요인	열악한 주변 환경, 부족한 지원 및 사회적 통합, 빈곤
		보호요인	외적자원, 사회적 자원의 가용성
이연희 2013	개인의 기질적 특성	위험요인	까다로운 기질, 충동과 공격성향, 낮은 자존감
		보호요인	평이한 기질, 책임감, 대인관계 기술
	가족특성	위험요인	가족갈등, 왜곡된 상호작용, 이혼
		보호요인	안정적 애착관계, 가족의 지지, 민주적 양육태도
	사회 환경적 특성	위험요인	사회경제적 위험과 열악한 주거환경
		보호요인	또래 · 교사의 지지, 학교적응 유연성, 단체활동
Werner, 1993	보호요인	Cluster1	개인의 기질적 특성
		Cluster2	기술과 가치(유아의 능력을 효과적으로 사용할 수 있도록 이끄는)
		Cluster3	부모의 성격과 양육방식
		Cluster4	성인의 지지(문지기 역할)

02

아동기 회복탄력성의
위험요인과 보호요인

가. 아동기 회복탄력성의 위험요인과 보호요인

연구자들은 연구를 통하여 아동들에게도 위험과 고난을 겪고, 위협적인 상황에서도 불구하고 성공적으로 적응하고 긍정적인 결과를 가져다줄 수 있는 요인이 있다는 것을 밝혀 내었다. 또한, 구체적으로 회복탄력성에 영향을 미치는 위험요인과 보호요인을 계속해서 찾아내기 위한 시도를 하였다. 회복탄력성은 심각한 스트레스 유발 요인을 접한 후에 보호요인의 지원을 받아 정상적인 기능수행으로 복귀하거나 재통합하는 과정을 의미한다.

보호요인은 초기에는 정신병리 및 다른 문제들로부터 아동들을 보호하기 위한 것으로 개념화 되었다. 또한 어떤 학자들은 아동들에게 내적으로 존재하는 것으로서의 탄력성 요인과 외적으로 존재하는 것으로서의 보호요인을 구별하였다((Luthar, 1999).

위험요인은 부적응적 결과의 가능성을 증가시키는 환경 또는 개인의 특성들을 의미하며(Compas, Hinden, & Gerhardt, 1995), 흔히 위험요소는 스트레스라는 용어로 사용되기도 한다. 홍은숙(2006)에 의하면 위험요인은 심리·정서적·행동적인 문제가 발전되어 바람직하지 않은 결과를 증대시키거나 기대되는 수준의 능력에 도달하는 것을 방해하는 조건을 의미한다. 위험요인의 영향력을 줄이고, 보호요인의 영향력을 키우는 것이 중요하다. 위험요인과 보호요인은 내적 요인으로는 아동 개인의 특징을, 외적요인으로는 가정, 학교, 지역사회의 특성으로 구분할 수 있으며 <표 6-4>와 같이 정리할 수 있다.

<표 6-4> 아동 회복탄력성의 위험요인과 보호요인

위험요인	보호요인
아동요인	
출생 이전의 뇌 손상, 조숙, 출생 시의 부상과 저체중, 신체적·지적·장애, 유아기의 허약한 건강, 불안전한 애착, 낮은 지능, 다루기 어려운 기질, 만성질병, 빈약한 사회적 기술, 낮은 자존감, 소외감, 충동성	다루기 손쉬운 기질, 충분한 영양, 가족과의 애착, 평균이상의 지능, 학업 성취, 문제해결 기술, 내적 통제 장소, 사회적역량, 사회적 기술, 좋은 대처 양식, 낙관성, 도덕적 신념·가치, 긍정적인 자기 관련인식
가정요인	
경제적 불안, 부모의 실업, 무주택, 난민 지위, 가족 구성원의 죽음, 질병/장애를 가진 사람을 위한 돌봄, 이혼과 가정 해체, 가족 갈등, 가정폭력, 신체적·성적·정서적 학대	지지/배려하는 부모, 가족 조화, 안전하고 안정된 가정, 2년 이상 터울의 형제, 긍정적인 형제자매 관계, 가족 안에서의 책임, 친족성인과의 지지적인 관계, 강한 가족 규범과 도덕, 낮은 수준의 부모 갈등, 사회 경제적 우월성 고등교육을 받은 부모, 신앙과 종교적 관계, 조부모와의 지지적인 연결 관계, 자녀교육에 대한 부모의 관심, 권위 있는 자녀 양육 방식
학교요인	
볼링, 또래 거부, 낮은 학교 유대감, 빈약한 행동관리, 일탈적인 또래 집단 성원, 학교에서의 실패, 중도 탈락, 전학, 부모의 무관심, 인종차별주의, 동성애 혐오증	소속감과 유대감, 긍정적인 학교 풍토, 긍정적인 또래 관계, 책임감/ 이타감 강조, 성공 기회와 성취에 대한 승인, 폭력에 반대하는 학교 규범, 학습 참여 긍정적인 행동관리, 긍정적인 교사/학생 관계, 협동적인 교수 전략
지역사회 요인	
사회 경제적 불리함, 사회/문화적 차별, 고립, 이웃 폭력과 범죄, 인구 밀집, 지지 서비스 결핍	유대감, 지역사회 안의 네트워크, 지역사회 집단의 참여, 강한 문화적 정체성과 민족적 자긍심, 지지 서비스에 대한 접근, 폭력에 반대하는 문화적 규범

출처: 추병완(2017)

나. 지체 장애 아동의 위험요인과 보호요인

회복탄력성은 '상처를 입지 않음(invulnerability)'과 '자급자족(self sufficiency)' 같은 개념들과 구분해서 이해해야 한다. '상처를 입지 않은 아이'라는 용어는 초기에는 그들의 내적 강인함이나 성격 때문에 스트레스에 둔감하여 파괴적 환경에서도 살아남을 수 있었던 생존자라는 불행한 이미지로 통용되었다(Anthony, 1987). 이러한 강인한 아이들은 강철로 만든 인형에 비유되며 유리나 플라스틱 인형들과 다르게 구조적으로 매우 견고하여 가장 심각한 역경조차도 이겨낼 수 있다고 여겨졌다. 이는 인간의 취약성과 약점에 대해서 상처입지 않음과 강인함으로 동식화 하고 있는 것이다. 이와 대조적으로 회복탄력성은 고통과 용기 두 가지 모두를 경험하면서 내적으로나 외적으로 어려움을 효과적으로 다루어 가는 것을 의미한다. 회복탄력성은 경험에 대한 개방성과 타인들과 상호의존을 통해 형성되는 것으로(양옥경, 1998), 어떤 사람이 정상적인 발달과 적응에 위협이 될 만한 위험에 노출되어 있음을 전제로 하여, 위험요소에 노출되지 않은 비슷한 연령대의 사람들에게 사회가 기대하는 적응수준을 유지하여야 함을 뜻한다(신현숙, 2003).

위의 여러 가지 정의들을 종합해보면, 회복탄력성이란 변화하는 환경에 대한 풍부한 적응능력이며, 인지적, 사회적, 개인적 영역에서의 문제해결을 가능하게 하는 융통성 있는 능력을 말한다. 또한 환경적인 변화나 스트레스적인 상황에 따라 자아를 과소 통제하거나, 과다 통제하는 방향으로 조절하는 개인의 역동적인 능력이며, 이러한 회복탄력성은 아동의 적응에 있어 중요한 요인이라 할 수 있다. 부모의 일관적인 양육방식과 지지적이고 안정적인 가정의 분위기, 원활한 의사소통, 부모와 아동의 친밀성이 회복탄력성에 중요한 역할을 한다.

Masten(2001)은 위험요인, 보호요인, 적응 간 관계를 기술하는 이론 모형으로 다음 3가지를 제시하였다. 첫째, 주 효과 모형(main effect model)은 한 개인이 가진 위험요소와 보호요소가 각각 적응에 미치는 독립적인 효과를 검증한다. 둘째, 상호작용 모형(interaction model)은 위험요소가 적응에 미치는 효과가 조절변인들(moderators)에 의해서 달라짐을 설명한다. 셋째, 매개모형(mediation model)은 위험요소가 적응에 미치는 효과를 제3의 변인이 매개함을 가정한다(신현숙, Masten, 2001). 위험－보호요소 모형은 가정환경 역경의 위험요소에 노출된 청소년들이 보이는 상이한 적응수준을 설명할 수 있으며, 위험요소의 부정적 영향을 완충하여 발달에 긍정적 영향을 미치는 보호요소의 작용을 고려한다는 점에서, 회복탄력성을 설명하는 보다 적절한 이론 모형으로 간주된다.

1) 회복탄력성의 위험요인

회복탄력성 및 발달에 부정적 영향을 미치는 위험요인은 다양하지만 크게 개인체계 요인, 가족체계 요인, 환경체계 요인으로 구분할 수 있다(Werner, 1989). 아동 및 청소년 발달에 있어 개인 체계 위험요인으로는 건강상태, 인종, 성별요인이 인지적 발달 및 학업 수행에 부정적인 영향을 주는 것으로 나타났고 기질, 성병 건강문제가 아동의 사회 정서적 측면에 부정적 영향을 미치는 것으로 나타났다(박현선, 1998). 가족체계 위험요인으로는 자녀에 대한 부모의 학문적 기대, 부적절한 교육지원, 자극 부족, 가족 갈등, 자녀에 대한 인지적 자극 부족, 양육태도, 가족 구조적 결손, 낮은 사회경제적 지위, 부모의 대처행동 손상, 부부 갈등, 부모의 스트레스, 부정적 부모-자녀 상호작용, 집안의 물리적 환경 등이 있다. 또래관계, 부정적인 학교생활, 교사의 부정적 태도, 부족한 사회적 자원 등이 있으며 <표 6-5>와 같이 정리할 수 있다.

<표 6-5> 회복탄력성의 위험요인

분류	위험요인
개인체계 요인	발달 및 의료적 위험, 우울/포기, 충동/공격성향, 기질, 성별, 인종
가족체계 요인	부모의 낮은 학문적 기대, 부적절한 교육지원, 가족 갈등, 가족의 구조적 결손, 부모의 낮은 교육수준, 부모의 비숙련 직업, 부모 대처 행동 손상, 부부갈등, 부모의 스트레스, 부정적 부모-자녀 상호작용, 집안의 물리적 환경
환경체계 요인	부적절한 또래관계, 부정적인 학교 경험, 사회적 자원 부족, 위험한 거주 지역

2) 회복탄력성의 하위요인

보호요인은 취약한 환경 조건 하에서도 위험의 원천에 작용함으로서 부정적인 산물의 가능성을 감소시키는 요소이며, 긍정적인 발달이나 행동을 적극적으로 증진시키는 기능을 한다.

개인이 가지고 있는 보호요인의 작용을 통해 동일한 위험요인 환경 하에서도 적응수준의 차이를 보이게 된다는 것이다(이경선, 2008). 보호요인은 하나의 자원으로 회복탄력성 구성에 있어서 주요한 위치를 차지하고 있는 위험요인에 대하여 보상적인 역할과 개선 조정의 역할을 한다(이경복 2006).

보호요인은 역경에 대한 상황을 조정하고 개선하며 적응하도록 하는 개인의 보호 수단이다. 위험요인과 보호요인은 한 개인이나 단체의 생태적이고 문화적인 문맥 내에서 평가되어야 한다. 개인이 고도의 역경, 위험, 스트레스에 노출되면 보호요인들이 위험요인들로부터 보호 및 유지하는 역할을 담당하게 된다.

보호요인과 관련하여 많은 연구자들은 빈곤, 학업중퇴, 비행, 폭력 등과 같은 부정적 결과들로부터 아동을 보호할 수 있는 일반적인 요소들을 찾았다. Werner(1989)는 보호요인을 크게 개인체계, 가족, 학교나 지역사회 같은 외부환경 세 가지로 구분하였다. 구체적으로 개인체계는 성격 및 지능, 낙관적 기질, 유머 감각, 정서와 충동 조절 능력, 인지적 상태, 자존감, 자아효능감, 내적 통제와 같은 심리적 측면, 의사소통 기술 등이 있다(Orthner and Jones-Sanpei, Williamson, 2004; 양심영, 2014). 따라서 회복탄력성 보호요인을 <표 6-6>과 같이 정리할 수 있다.

<표 6-6> 회복탄력성의 보호요인

분류	보호요인
개인체계 요인	책임감, 계획성, 높은 자존감, 자기효능감, 자율성
가족체계 요인	민주적 양육태도, 경제적 자원, 부모-자녀 관계, 부모의 자녀교육 관여, 부모의 교육적 열망 및 기대
환경체계 요인	민주적 학교분위기, 교과수업 외 활동 참여, 지지적인 교사, 사회적지지

03

청소년기 회복탄력성의
위험요인과 보호요인

가. 회복탄력성의 보호요인

청소년의 문제행동에 대한 접근은 위험요인과 보호요인으로 다양한 체계적 접근을 기반으로 연구하는 것이 중요하다고 보고(Smith & Carlson, 1997), 청소년의 회복탄력성과 관련된 변인들을 보호요인과 위험요인으로 제시하였다.

심리적 격동기인 청소년 시기는 발달과업과 현실적응이라는 이중위 과제로 긴장과 스트레스, 내·외적 갈등을 경험하기 쉬운 시기이다. 청소년이 삶의 과제를 성공적으로 이끌어 내기 위한 긍정적인 발달, 성장할 수 있는 핵심적 기술과 태도, 능력을 회복탄력성이라 정의하고 회복탄력성을 촉진시키는 역할을 할 수 있는 보호요인에 대해 살펴본다면 <표 6-7>과 같이 정리할 수 있다.

<표 6-7> 회복탄력성 보호요인

요인			개별요인
보호 요인	개인	기질 및 성격적 특성	자아존중감, 내·외 통제감, 자기효능감, 낙관주의, 책임감, 기질의 유연성 및 강점, 내적동기, 긍정적 정서, 임파워먼트, 자기확신, 행복, 창의적 인성, 삶의 만족, 의연한 태도, 자율성, 유순성, 성실성, 주관적 건강, 외향적 기질, 생태학적 발달자산
		인지적 능력	목적지향성 및 계획성, 적극적 대처전략, 문제해결능력, 지적 개방성, 높은 지능
		사회성	공감, 정서조절, 대인관계 기술, 수용성 및 융통성, 용서
		종교	의미추구, 영적 영향력

요인			개별요인
가정	가정관계		가족지지, 부모의 양육태도, 부모애착, 가족관계, 가정응집력, 부모-자녀 의사소통, 가정기능, 부모의 감독 및 통제, 심리적 분리
	사회 · 경제적 지위		물질적 자원, 부모의 직업
학교	교사 · 학교		교사의 지지, 교사와의 애착 및 관계, 학교생활만족, 학교분위기
	또래경험		친구의 지지, 친구와의 애착 및 관계
	참여		교내프로그램 참여, 교과 외 참여활동
지역사회	사회 · 경제적 지원		지역사회 내 프로그램 참여, 참여활동
	인적 자원과의 관계		타자 지지, 이웃과의 애착 및 유대확대, 역할모델의 영향력

출처: 박기령, 최중진(2016)

Emery와 Forehand(1996)는 회복탄력성에 영향을 미치는 보호요인들을 개인, 가정 및 사회적 수준 등 3가지 수준에서 다음과 같이 규명하였다.

첫째, 개인적 보호요인들을 타고나는 활동적인 기질과 성별에 있어서 청소년기 이전까지는 여성이, 그리고 그 이후에는 남성이 더 잘 적응하는 성별에 의한 적응 수준과 사회적 기술, 내적 통제 소재, 높은 지능, 자기 효율성, 유머, 타인에 대한 매력, 공감능력 등으로 회복탄력성의 개인 내적 보호요인을 규명하였다.

둘째, 가정 수준에서 회복탄력성에 영향을 미치는 보호요인으로 따뜻하고 지지적인 부모 그리고 부모-자녀관계가 좋을 경우와 부모의 화합 등으로 규명하였다.

셋째, 사회적 수준에 회복탄력성에 영향을 미치는 보호요인들은 지지적인 사회 관계망, 성공적인 학교 경험 등으로 규명하였다.

이처럼 회복탄력성과 관련된 많은 연구에서 살펴보았듯이 회복탄력성과 관련된 여러 변인과의 관계에서 개인적, 가정적, 사회적 보호요인은 거의 일관되게 구분되어 연구되고 있다.

나. 회복탄력성 위험요인

위험요인은 부적응적 결과의 가능성을 증가시키는 환경 또는 개인의 특성들을 의미하며, 흔히 위험요소는 스트레스라는 용어로 사용되기도 한다. 위험요인의 정의는 생물학적인 특성과 개인적인 특성 모두를 포함하는 개인적인 요인과 아동들에게 부정적인 결과를 끌어낼 개연성을 상승시키는 상황적인 조건 모두를 포함한다. 위험요인은 '심리' '정서적' '행동'적인 문제가 발전되어 바람직하지 않은 결과를 증대시키거나 기대되는 수준의 능력에 도달하는 것을 방해하는 조건을 의미한다.

특히, 회복탄력성에 대한 위험요인에 대한 초기 연구는 스트레스의 생활 경험에 따른 부정적인 문제들을 밝히는 것으로 시작하고 위험요인과 발달 산물 간의 관계를 규명하고 이로 인해 부정적 결과를 예측할 수 있는 위험요인들을 확인하는 것이었다. 하지만 위험요인은 스트레스 상황에서 아동의 '심리적·행동적' 문제를 일으킬 가능성을 증가시키는 요인을 말하며, 더 나아가 공격의 개연성, 더욱 심각한 상태로의 일탈, 혹은 문제 상황의 유지를 증가시키는 영향력으로 정의된다. 또한 부정적인 발달 결과와 관계되는 개인 혹은 환경적인 특성으로 정의되고 있다(박기령 외 2016). 위험요인을 <표 6-8>과 같이 정리할 수 있다.

<표 6-8> 회복탄력성 위험요인

요인			개별요인
위험 요인	개인	기질 및 성격적 특성	스트레스, 우울, 불안, 포기성향, 충동 및 공격성향, 발달 및 의료적 위험, 스마트폰 중독, 비행, 감각추구성, 부정적 자아존중감
		인지적 능력	낮은 지능, 신체자아
		사회성	대인관계의 어려움
	가정	가정 관계	부모의 비합리적 양육태도, 부부갈등 및 해체, 가정 구조적 결손, 가정폭력, 불화, 학대, 부정적 애착관계, 알코올중독 및 흡연, 문제형 의사소통, 부모의 과잉·낮은 기대수준 및 간섭, 불공평 및 편애, 부모의 낮은 교육수준, 가정관계의 어려움, 신체적 문제
		사회·경제적 지위	경제적 어려움 및 의료적 위험, 물리적 주거환경
	학교	교사·학교	교사의 무관심, 애착관계, 실패, 교사의 차별 및 처벌, 학업의 어려움, 학교흥미

요인			개별요인
		또래경험	학교폭력 피해, 친구와의 애착관계 실패, 친구와의 비행여부, 견학
	지역 사회	사회 · 경제적 지원	위험한 지역 환경, 양육시설장소 변경
		인적 자원과의 관계	사회적 낙인

출처: 박기령 외(2016)

04

성인 회복탄력성의
위험요인과 보호요인

국내 간호사들을 대상으로 이루어진 연구에서는, 보호요인과 위험요인 각각을 보호요인은 직무와 조직으로 분류하였고, 보호요인의 직무요인은 공감만족, 직무만족, 직무성과가, 조직요인은 조직보상, 조직사회화, 사회적지지가 나타났다. 위험요인은 개인, 직무, 조직요인으로 분류되었으며, 개인요인에는 생활스트레스, 직무요인에는 직무스트레스, PTSD, 직장 내 따돌림이 조직요인에는 소진, 이직의도로 나타났다. 이상의 선행연구들을 정리하면 <표 6-9>와 같이 정리할 수 있다.

<표 6-9> 회복탄력성 관련 선행연구들의 요인 및 변인

연구자	요인		하위변인
이경희 외(2005)	보호		개인 – 성향, 관계, 인지행동
			환경 – 가족, 사회의 지지
Grant 외(2013)	보호		개인 – 자기효능감, 자아통제, 문제해결력, 행복감, 안녕감, 삶의 의미, 성격, 사고능력, 자기지각, 지능, 정서지능
			가족 – 애착, 부모 – 자녀관계, 가족건강, 경제적 위치
			환경-사회, 문화정책
이정숙 외(2013)	보호	개인	자기효능감, 자아통제, 문제해결력, 행복감, 안녕감, 삶의 의미, 성격, 사고능력, 자기기각, 지능, 정서지능
		가족	애착, 부모-자녀관계, 가족건강, 경제적 위치
		사회	사회적지지

연구자	요인		하위변인
	위험	개인	학교생활 부적응, 부정적 생활, 스트레스, 낮은 자아감, 불안, PTSD
		가족	부모갈등, 이혼
Lee 외(2013)	보호	*	삶의 만족, 낙관성, 긍정 정서, 자기효능감, 자기존중감, 사회적지지
	위험	*	불안, 우울, 부정 정서, 지각된 스트레스, PTSD
Bolton 외(2016)	보호	*	외부와의 접촉, 삶의 의미, 역경에 따른 성숙, 그릿, 자기관리, 자기수용, 삶의 긍정적 시각, 자립, 이타주의
권혜경 외(2017)	보호	직무	공감만족, 직무만족, 직무성과
		조직	보상, 조직사회화, 사회적지지
	위험	개인	생활스트레스
		직무	직무스트레스, PTSD, 직장내 따돌림
		조직	소진, 이직의도

국내성인을 대상으로 다양한 종사 분야와 대학생, 성인 군인 환자, 노인 등으로 이루어진 보호요인 관련 변인과 위험요인 관련 변인을 정리하면 <표 6-10>, <표 6-11>과 같이 정리할 수 있다.

<표 6-10> 회복탄력성 관련 선행연구들의 요인 및 변인

연구자	대상	보호요인 관련 변인
손덕순 외(2011)	대학생	자기효능감, 자아존중감, 사회적지지
김지인 외(2013)	환자	가족지지, 동료지지, 의료인지지, 자기효능감
황해의 외(2013)	직장인	낙관성, 정서지능
임창현 외(2013)	직장인	조직몰입, 직무만족, 혁신행동
박보경(2013)	대학생	삶의 의미, 외상 후 성장, 의도적반추
송정애 외(2014)	군병사	군 생활적응
신나연 외(2015)	환자	건강증진행위, 사회적지지
장이슬 외(2015)	대학생	진로준비행동
오선영 외(2015)	직장인	조직몰입, 행복감
신주희(2015)	간호사	공감만족

연구자	대상	보호요인 관련 변인
이경미(2015)	교사	의사소통능력
한선영(2015)	직장인	일과 삶의 균형, 직무만족
길현주 외(2016)	교사	사회적지지, 심리적 안녕감, 정서지능
이방실 외(2016)	교사	교사-유아 상호작용
김나미(2016)	종교인	사회적지지, 심리적 안녕감, 영적안녕
노치경 외(2016)	직장인	문제중심대처, 역경 후 성장, 의도적 반추, 정서인식
백유성 외(2016)	직장인	일과 가정의 균형
김진녀 외(2017)	일반성인	자아정체감
이미란 외(2017)	대학생	그릿, 자기효능감
이희주 외(2017)	대학생	업무수행능력, 진로성숙
김수경(2017)	간호사	일과 삶의 균형
이 청(2017)	교사	대인관계
이희락(2017)	일반성인	낙관성, 삶의 의미
임정민(2017)	간호사	고객지향성, 업무수행능력
홍성원(2017)	군부사관	군 생활적응

<표 6-11> 국내 회복탄력성 분석대상 위험요인 관련 변인

연구자	대상	위험요인 관련 변인
김선영 외(2011)	소방공무원	외상 후 스트레스, 우울
곽소영 외(2013)	환자	불안, 우울
김성은 외(2014)	직장인	이직의도, 표면행동
임해은 외(2015)	교사	직무스트레스, 소진, 성취감 감소, 비인격화, 정서고갈
심수연 외(2015)	대학생	스트레스, 애착불안, 애착회피
류수민 외(2014)	직장인	역할갈등, 역할과부하, 역할모호성
이주연 외(2016)	교사	지각된 스트레스, 냉소, 정서고갈
박동필 외(2016)	교사	소진, 내면행동, 표면행동
구민준(2016)	일반성인	지각된 스트레스, 스마트폰 중독
강승구(2016)	직장인, 직업군인	일-가정 갈등
이양궁(2016)	대학생	애착불안, 애착회피

보호요인의 개인요인(긍정정서, 자아·자기감, 능동적 자세, 인지 및 자각, 역량 및 성향, 삶과 영성), 가족요인(가족지지), 사회·조직요인(관계 및 지지, 조직에 대한 긍정성, 직무 및 성과, 삶의 균형)으로, 위험요인의 개인요인(부정정서, 스트레스, 자살 생각, 외상 후 스트레스, 스마트폰 중독), 가족요인(불안정 성인애착), 사회·조직요인(소진, 역할 및 직무스트레스, 직무유지의 방해, 일−가정 갈등)으로 분류하였으며 <표 6−12>와 같이 정리할 수 있다.

<표 6-12> 회복탄력성 관련 요인과 변인 분류

요인		하위변인	
		2차변인	1차변인
보호	개인	긍정정서	심리적 안녕감, 행복감
		자아·자기감	자아정체감, 자아존중감, 자기효능감, 교수효능감
		능동적 자세	그릿, 건강증진 생활양식, 문제중심대처, 진로준비 행동
		인지 및 자각	정서지능, 의도적 반추, 정서인식
		역량 및 성향	의사소통능력, 진로성숙, 외상(역경) 후 성장, 낙관성
		삶과 영성	삶의 의미, 삶의 질, 영적안녕
	가족	가족지지	가족지지
	사회 조직	관계 및 지지	대인관계, 교사−유아 상호작용, 사회적지지, 동료지지, 상사지지, 의료인지지
		조직에 대한 긍정성	군 생활 적응, 조직사회화, 조직몰입
		직무 및 성과	업무수행능력, 간호업무성과, 직무만족, 공감만족, 고객지향성, 혁신행동, 내면행동
		삶의 균형	일−가정의 균형, 일과 삶의 균형
위험	개인	부정정서	우울, 불안
		스트레스	생활스트레스, 지각된 스트레스
		자살생각	자살생각
		외상 후 스트레스	외상 후 스트레스

요인		하위변인	
		2차변인	1차변인
	가족	스마트폰 중독	스마트폰 중독
		불안정 성인애착	애착불안, 애착회피
	사회 · 조직	소진	성취감 감소, 비인간화, 정서고갈, 냉소, 소진
		역할 및 직무 스트레스	역할갈등, 역할모호성, 역할 과부하, 직무스트레스
		직무유지의 방해	이직 의도, 직장 내 괴롭힘, 표면행동, 감정노동
		일-가정 갈등	일-가정 갈등

05

노인 위암 환자의 회복탄력성
위험요인과 보호요인

노인 위암 환자의 회복탄력성에 영향을 주는 요인은 보호요인과 위험요인으로 나눌 수 있다. 보호요인은 위기 상황에 대응하는 능력인 회복탄력성 개념과 관련이 있으며, 위험요인은 위기상황이 심리적, 사회적인 문제로 확대되거나 일정 수준의 안정된 연건에 도달하는 것을 방해하는 것을 말한다(김주환, 2011). 보호요인은 위험요인의 부정적인 영향을 상쇄하여 긍정적인 적응력을 돕는 개인적, 환경적인 요인으로, 다양한 위험요인들과의 역동적인 상호작용 안에서 개인적, 사회적 관계가 어려움에 처하는 것을 최소화 한다(홍은숙, 2006). 회복탄력성은 위기상황을 통해 형성되는 역동적인 과정으로 긍정적인 영향을 주는 보호요인들 간의 상호작용을 통해 발전하고 변화한다. 이와 같이 노인 위암환자의 회복탄력성에 영향을 미치는 요인은 개인적 요소인 희망, 자기효능감, 불확실성, 우울, 불안, 영적안녕과 사회적 요소인 가족 지지, 친구 지지가 있으며 이들은 보호요인과 위험요인으로 작용한다.

회복탄력성에 영향을 미치는 요인

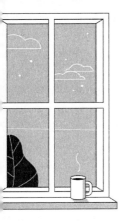

01

유아기 회복탄력성에
영향을 미치는 요인

가. 유아 회복탄력성과 부모 회복탄력성의 관계

유아기는 다른 발달적 시기에 비해 주변 환경의 영향을 많이 받는 시기로, 가정, 또래, 기관, 지역사회 등 다양한 맥락들이 상호작용하며 유아에게 영향을 미친다. 유아 주변의 맥락은 상호 연관되어 있어 각각이 독립적으로 영향을 미치지는 않지만, 가족, 특히 부모는 유아가 최초로 접하는 사회적 환경이므로 유아의 발달 및 사회화에 가장 영향력 있는 맥락으로 인식되어왔다(양옥경, 김연수, 권자영, 2006; Patrke & Buriel, 2006).

대표적인 회복탄력성 연구인 카우아이섬의 종단연구에서는 인생초기동안 경험하는 어머니의 유능성이 회복탄력성과 크게 연관됨을 강조한 바 있다(Werner, 2009). 부모의 역할은 자녀의 회복탄력성 형성에 주요한 영향력을 가지는데, 어머니 자신의 역할에 만족하며 애정적, 자율적, 성취적인 양육태도를 많이 보이고, 거부적인 양육태도를 적게 보일수록 유아의 회복탄력성이 높아진다(용명선, 2011).

어머니가 낙관적이고 카리스마를 보이며 자녀의 개인적인 욕구에 세심한 관심을 기울일수록 유아의 회복탄력성이 높다(전은희, 2008).

어머니가 자녀에게 민감하게 비계설정을 해주고 부정적인 정서와 행동을 적게 보일수록 유아의 회복탄력성이 높게 나타났다(최난영, 2011). 어머니의 놀이에 대한 신념이 높을수록 유아의 회복탄력성이 높게 나타났다(윤승림, 2009). 회복탄력성이 높은 부모들이 회복탄력성이 낮은 부모들에 비해 긍정적인 양육태도를 보인다(고혜진2005). 그러므로 회복탄력성이 높은 부모는 스트레스가 유발되는 상황 속에서도 높은 효능감을 가지고 자녀에게 긍정적이고 애정적이며 민주적인 양육행동을 보인다고 할 수 있다.

나. 유아 놀이성과 회복탄력성의 관계

유아는 다양한 놀이과정 속에서 자신의 놀이 성향에 따라 자신만의 세계를 만들어 가고 유능감과 성취감을 발달시키며 사회적 구성원으로 성장해 간다. 놀이에서 보이는 유아의 자발적이고 능동적인 참여와 놀이 속에서 갖는 유쾌한 정서는 놀이과정 속에서 부딪히는 갈등이나 욕구에 대처하도록 하는 능력을 기를 수 있게 한다. 이는 유아들이 현대사회에서 겪는 많은 변화와 스트레스 속에서 긍정적으로 대처하며 안정적인 발달을 이루는 데 도움이 된다.

유아놀이성과 회복탄력성에 관련된 다양한 연구를 통해 회복탄력성의 하위 요인들인 정서 조절력, 충동통제력, 낙관성, 문제해결력, 공감능력, 자기효능감, 적극적 도전성이 유아놀이와 어떤 관계가 있는지 살펴보면 다음과 같다.

놀이성과 정서조절력과의 관계를 살펴보면 유아는 다양한 놀이 속에서 자신이 경험하는 여러 가지 감정이 어떠한 것인지 인식하게 되고 자신의 감정을 다양하게 표현하며 동시에 부정적인 정서를 사회적으로 적절하게 표출하고 그들의 감정세계를 쉽게 표현함으로써 어려운 상황에 처하게 되면 놀이를 통해 스스로 자신을 치유하기도 하고 주어진 상황을 극복하기도 한다고 하였다. 또한 유아는 또래들과 다양한 사회적 놀이를 통해서 문제 상황과 갈등 속에서 어떻게 자신의 감정을 통제하고 조절하는 것이 바람직한 것인가를 배우게 된다고 하였다(김영애, 1992).

놀이성과 충동통제력과의 관계를 보면 Vygotsky(1976)는 유아는 놀이하는 과정속에서 자신이 만든 규칙을 지킴으로써 사회적 규칙을 배우게 되고 동시에 충동적인 자신의 행동을 자제시킬 수 있는 능력을 발달시킨다고 하였다. 또한 이숙재(2001)는 유아는 놀이를 통해 불안, 질투, 공격성, 미움 등과 같은 부정적 감정을 발산하고 정화하며 긍정적인 자아개념, 자신감, 인내심, 자율성, 성취감 등 건전한 정서를 형성하고, 동시에 자신의 감정을 통제하는 방법을 배워가며 갈등 속에서 긍정적으로 극복해 나갈 수 있다고 하였다.

놀이성과 낙관성과의 관계를 살펴보면 유애열(1994)은 놀이성이 높은 유아는 상상력이 풍부하고 긍정적인 태도를 가졌으며 유머감각이 있고 자신의 감정을 자유롭게 표현하는 능력이 높다고 하였다. 또한 장정아(2002)은 가상놀이를 통하여 유아들은 처벌받는 염려 없이, 절망, 슬픔, 분노, 두려움, 걱정, 사랑 등을 자연스럽게 표출하며 이러한 놀이는 유아가 가지고 있는 생각과 감정 그리고 긍정적인 면들을 확대 발전시키고, 부정적인 면들은 근절, 축소시킬 수 있는 기회를 제공해 주므로 부정적인 상황 속에서도 적극적으로 대처하며 극복해 나갈 수 있는 건전한 발달을 돕는다고 하였다.

놀이성과 문제해결력과의 관계를 보면 권가영(2013)은 유아의 보드게임 놀이가 문제해결력 발달에 긍정적인 영향을 끼친다고 하였다. 이는 유아가 보드게임 놀이를 할 때 규칙을 지키려고 노력하며 게임을 전개해 가면서 규칙을 위반하거나 의견의 충돌이 발생했을 때 문제해결 과정을 거치면서 사회적 대처 기술을 습득하게 된다고 하였다. 게임 활동 중에 유아들은 문제해결 능력이 발달하고 긍정적인 영향을 미치는 것으로 나타났다고 하였다. 또한 최정원(1999)은 유아는 극놀이를 통해 유아들 간의 가상적인 갈등 및 문제 상황에 부딪혔을 경우 그 문제를 적극적으로 대처하여 풀어 나가면서 문제해결능력이 향상된다고 하였다. 또한 유아는 놀이하는 과정 속에서 부딪히는 다양한 문제들을 가장 효율적으로 해결하는 전략을 생각해 내고 성취감과 만족감을 느끼게 되며, 신체를 움직이고 자신의 감정을 조절하며 타인의 의견을 존중하고 이해하는 경험을 가진다(교육과학기술부, 2008)고 하였다. 놀이성과 공감능력과의 관계를 살펴보면 유아들은 극놀이를 통해 다른 사람들에게 감정 이입을 잘하게 되고 다른 사람의 생각이나 표현이 서로 다르다는 것을 알게 되며, 친구들의 다양한 정서 표현 방법을 관찰하고 동일한 정서가 다르게도 표현될 수 있음을 알게 된다고 하였다(이숙재, 2001). 또한 놀이 활동을 통해서 감정이입의 기회를 자주 접하고 다른 사람의 정서에 감정이입을 잘 할 수 있게 되어서 자기중심성을 벗어날 수 있고 편안한 분위기에서 하는 놀이를 통해 감정을 자유롭게 표출함으로써, 불안을 감소시키고 일상적인 사회의 요구에 쉽게 적응할 수 있다고 하였다(Miller, 1977). 유아는 즐겁게 놀이하기 위해 친구들과 서로 돕고, 서로의 의견이 충돌되는 상황에서 서로 양보하며, 상대방 친구를 위로하기도 하고, 필요할 때는 협상을 하는 등 친구들과 적절하게 상호작용하며 놀이하는 방법을 배우게 된다. 즉 유아는 놀이하는 과정을 통해 자신의 입장뿐만이 아닌 타인의 입장에서 느끼고 생각하기도 하며 공감능력을 기르고 친구들과 긍정적인 관계를 맺고 그 관계를 유지할 수 있는 능력을 기를 수 있다고 하였다(단현국, 2005).

놀이성과 자기효능감과의 관계를 살펴보면 김수영(2007)은 유아는 놀이과정 속에서 다양한 종류의 상호작용을 통하여 친구들을 사귀고 친구를 좋아하게 되며 친구를 의지하기도 한다고 하였다. 유아는 친구로부터 인정과 격려를 받으려고 하고 이러한 인정과 격려는 유아들에게 긍정적인 자아상을 갖게 하여 어려운 문제를 경험하게 될 때에 자신이 해결할 수 있는 능력을 길러주는 기초가 된다고 하였다.

놀이성과 적극적 도전성과의 관계를 살펴보면 놀이성이 높은 유아들은 놀이기술이 풍부하여 사회구성놀이에 적극적으로 참여하고 다양한 극놀이를 통하여 또래들 간의 사회적 협력과 사회적 활동에 참여함으로써 사회의 변화에 개방적이고 적극적으로 도전하는 능력이 향상된다고 하였다(이재은, 2006; 황윤세, 2007).

결론적으로 유아의 놀이성은 다양한 놀이 활동의 경험을 통해 나타나는 유아의 행동이 유아의 회복탄력성에 영향을 미치는 것을 알 수 있다.

다. 유아 사회성과 회복탄력성의 관계

회복탄력성은 변화하는 환경에 적응하고 그 환경을 스스로에게 유리한 방향으로 이용하는 인간의 총체적능력이다(김주환, 2011). 이러한 회복탄력성의 정의는 급격한 사회 변화에 쉽게 노출되고 문제 상황을 해결해나가기 어려운 유아에게 필요한 능력임을 보여준다(이연희, 정재은, 2012). 또한 많은 학자들은 유아기를 회복탄력성의 결정적 시기로 바라본다. 따라서 유아의 회복탄력성에 대한 연구가 증가하고 있다.

유아의 회복탄력성과 사회성 간의 관계에 대해 이루어진 연구를 살펴보면 유아의 의미 있는 존재로부터 사회적지지를 받을 경우 회복탄력성에 긍정적인 효과가 있다는 연구가 이루어져 왔다(김지현, 2010).

부모나 교사 친구와 같이 사람들로 사회적지지를 받는 유아는 자신의 스트레스를 효과적으로 대처하고 극복하며 회복탄력성을 증진 시킨다고 하였다(이연희, 2013).

사회적지지를 해줘야 할 부모가 명령 지향적이고 통제적인 언어를 많이 사용할 때 유아는 낮은 회복탄력성을 보인다(김지현, 2010). 나아가 김형태(2011)의 연구에 따르면 사회적지지가 회복탄력성에 영향을 미치고 회복탄력성은 다시 사회적응과 심리적응에 영향을 미친다고 주장하였다. 즉, 사회 속에서 살아가며 어려움을 극복하는 유아는 다시 사회에 적응하는 사회성을 키울 수 있음을 의미한다. 회복탄력성이 높을수록 유아가 지각하는 스트레스 정도가 약하며 유아교육기관에서 불안과 우울과 같은 문제 행동을 적게 보인다(Conway & McDonough, 2006). 이는 회복탄력성이 높은 유아는 유아교육기관 적응이 수월하며 연령이 증가하여 학령기에 도달하였을 때도 학교생활뿐만 아니라 또래 관계나 사회에 원활히 적응할 수 있음을 나타낸다.

02

아동기 회복탄력성에 영향을 미치는 요인

가. 아동 회복탄력성과 부모 양육태도의 관계

탄력성은 어린 시절에 경험한 부모와의 관계에 의해서 커다란 영향을 받게 되므로 부모의 양육태도에 문제가 있을 경우 자녀의 탄력성에도 역시 문제가 생길 수 있다(Garmezy, 1993). Rutter(1987)는 과하게 통제적이고 거부적인 부모 양육태도는 자녀가 인간관계에서 문제를 겪을 때 회복탄력성을 발휘내기 어렵다고 하였다. 회복탄력적인 아동은 그들의 양육자 또는 다른 중요한 성인들의 지지적이고 자극적인 관심을 통해 보다 활동적이며, 사회적인 반응을 보이는 성인으로 성장할 수 있다고 밝혔다(Werner, 1993; Werner & Smith, 1982). 한편, 탄력성에 관한 최근 연구에서는 안정적인 애착관계가 형성된 초기의 양육경험과 탄력성사이의 관련성의 중요성에 대해 강조되기 시작했다. 즉, 양육자가 민감한 반응성을 갖고 있는 경우 탄력성을 촉진시키는 데 중요한 역할을 하는데, 이러한 주장은 어머니와 자녀 사이의 정서적 상호호혜성의 중요성에 초점을 둔 Osofsky와 Eberhart-Wright(1992)의 10대 어머니와 그들의 영아에 관한 연구에서 제시되었다. 아동의 행복한 삶을 위해 탄력성을 길러주는 양육행동의 중요성과 관련하여 언급한 발달적 문제를 가진 아동들에게 있어, 가족 간 갈등, 부모와 자녀 사이의 유대감 결핍, 비조직화 비효과적 양육 스트레스, 양육 우울 그리고 그 밖의 보호요인이나 탄력적인 요인과 반대되는 요인들은 가중적으로 상호 위험요인으로 작용하고 있음을 언급하고 있다.

부모양육태도와 회복탄력성의 관계를 살펴보면 다음과 같이 정리할 수 있다.

① 홍하나(2010)는 부와 모의 양육태도를 애정적으로 지각할수록 자아탄력성의 대인관계, 낙관성, 활력성, 호기심에 긍정적인 영향을 미치며, 부와 모의 양육태도의 성취기대 경향이 클수록 자아탄력성에 긍정적인 영향을 주었다고 밝혔다.

② 김경수와 김화경(2011)은 아버지의 양육태도를 성취적으로 지각하고 어머니의 양육태도를 애정적, 성취적으로 지각할수록 자녀의 자아탄력성 수준이 높아진다고 밝혔다. 이는 아동이 어머니가 자신을 과보호하고 지각할수록 스트레스 상황에서 감정을 적절하게 조절하고 융통성 있게 대처하지 못한다고 할 수 있다.

③ 서현석(2014)은 아버지의 성취−비성취가 후기 청소년 자녀의 회복탄력성에 가장 큰 영향을 미치고, 이는 아버지의 성취−비성취 태도가 자녀에게 어려움을 극복하고 도전 의식을 고취하며 자녀의 회복탄력성에 영향을 준다고 밝혔다. 도우영(2019)의 연구에서도 아버지의 양육태도가 거부적인 태도보다 수용적인 태도를 보일 때 회복탄력성이 높아지고, 과잉보호보다는 독립성이 조장될수록 자녀의 회복탄력성이 향상됨을 나타내고 있다.

④ 황미선(2014)은 초등학생이 부모의 양육태도를 애정적으로 느낄수록 회복탄력성의 모든 영역에 긍정적인 영향을 미치지만, 부모의 지나친 애정과 성취 지향적인 태도는 호기심 및 활력성의 회복탄력성에 부정적인 영향을 미친다고 하였다. 이러한 결과를 보면, 초등학생의 회복탄력성에 영향을 미치는 강력한 변인으로 부모와 자녀의 관계에서 형성된 안정된 애착관계와 함께 긍정적인 양육태도와 양육경험임을 강조하고 있다.

나. 아동 회복탄력성과 스마트폰 중독과의 관계

아동의 정신건강 문제는 초등학교 시기만의 문제가 아니라 아동의 생애 전반에 걸쳐 영향을 미친다는 점에서 중요한 과제이다(Robins, 1966; 허선윤, 이숙, 2010). 아동의 건강한 정신은 일상생활에서 언제나 독립적, 자주적으로 처리해 나갈 수 있고, 질병에 대해 저항력이 있으며 원만한 가정생활과 사회생활을 할 수 있는 상태 그리고 정신적 성숙상태를 의미한다(문선화, 구차순, 박미정, 김현옥, 2012). 그러나 2006년 보건복지부에서 초등학생을 대상으로 조사한 바에 따르면 '아동 정신건강 선별검사' 결과, 초등학생 4명 중 1명 정도가 정서·행동문제를 가지고 있다(허선윤, 이숙, 2010)고 보고될 정도로 아동의 정신건강 문제가 심각함을 알 수 있다. 최근 한국보건사회연구원(2014)의 조사 결과에서 우리나라 아동의 신체건강은 양호하나 심리적 웰빙은 열악하다고 보고하였다. 이러한 조사 결과는 아동의 정신건강 문제의 심각성을 반증한다고 볼 수 있다.

최근 아동의 정신건강문제의 한 원인을 인터넷 및 스마트폰 중독과 같은 매체로 보고 매체중독에 관한 지원을 늘려야 된다는 주장이 제기되고 있다(이호근, 2008). 더욱이 전문가들은 정신질환으로 분류되는 인터넷 게임중독과 스마트폰 중독에 무방비로 노출된 아동기 학생들의 정신건강은 이미 사회적 차원의 대안이 모색되지 않으면 안 될 정도로 상당히 심각한 수준(박정란외, 2011; 이미경, 2014; 이호근, 2008; 최진오, 2011)으로 지각하고 있다. 또한 아동의 우울과 불안 같은 정신건강 문제를 적절히 치료하지 않고 방치한다면 만성화되고 더욱 심각해져 또 다른 문제행동을 야기하게 된다(허선윤, 이숙, 2010).

그러나 이러한 중독매체에 대한 노출이 모든 아동의 정신건강에 심각한 영향을 주거나 반드시 부작용을 낳는 것은 아니다. 김정희(2006)는 회복탄력성이 높은 아동은 스트레스를 많이 받더라도 인터넷 중독성향이 높지 않았다고 보고하면서, 회복탄력성을 인터넷 중독성향을 조절하는 중요요인으로 보았다. 따라서 아동의 정신건강 증진을 위해서는 심리적 자원을 풍부하게 축적시킬 수 있는 전략이 필요하다(문미숙, 2011). 이때 아동의 심리적 자원인 회복탄력성은 아동의 정신건강 증진과 삶의 질 향상을 위한 건강모형(김혜성, 1997)으로 아동의 우울이나 불안과 같은 부정적인 정서에 보호요인으로 작용하여 정신건강 문제를 감소시키고(안인영, 2005), 회복시키는 힘이자 일상의 마법이다(Masten, 2001). 회복탄력성은 또한 아동의 생활적응을 성공적으로 높일 수 있는 필수 요인으로 아동의 적응력과 문제행동을 예측할 수 있으며, 스스로 문제행동의 수준을 조절하여 문제행동의 예방을 가능하게 한다(Mak, Ng, & Wong, 2011). 따라서 아동의 정신건강을 예방·치료하기 위해서는 아동의 회복탄력성을 향상시키는 것이 중요하다고 볼 수 있다.

다. 아동 회복탄력성과 학교생활 적응의 관계

적응(adjustment)은 개인의 심리적 요인과 주변 환경의 요인이 적절히 조화를 이룬 상황으로 정의한다(한국교육심리학회, 2000). 인간이 자기 자신이나 주위환경을 조정하는 과정으로 정의 내릴 수 있는데, 주어진 환경에 수동적으로 대처하는 것이 아닌 능동적, 적극적으로 대응하며 조화를 이룬 상태를 적응이라 할 수 있다.

학교생활적응은 아동이 많은 시간을 보내는 환경 중 하나인 학교에서의 생활과 관련한 적응이다. 학교생활적응은 학교생활을 접하는 교육적 환경을 자신의 욕구에 맞게 변화시키거나 자신이 학교 환경에 바람직하게 적응하는 것을 학교생활적응으로 정의하였다. 회복탄력성과 학교생활적응 관계를 살펴보면 회복탄력성이 발달하지 못한 아동은 시험불안이 높고 학교적응력이 낮아지며 가정과 학교에서 스트레스가 증가하여 신체화 증상을 보이는 등 학교에서 적응을 하지 못하는 것으로 보인다.

Wentzel(2003)은 학교생활 적응을 위해서 학업성적뿐 아니라 대인관계 형성이 중요하다고 하였다. 조윤주(2011)는 학교생활을 하면서 학생이 자신의 욕구를 합리적으로 해결하여 만족감을 느끼고 대인관계가 적절히 형성되었을 때 학교생활적응 수준이 높다고 하였다(김교헌 외, 2005).

또한 학교생활에 적응하지 못한 비행청소년은 자기조절능력과 자존감이 낮고 부정적 정서를 주로 보이는 특징을 보이는데 이는 낮은 회복탄력성과 관계가 있다(여정윤, 2012). 이처럼 회복탄력성은 일반적인 학생에게는 예방 효과가 있으며 고위험에 노출된 청소년에게는 위험요인의 부정적 영향을 보호요인으로 기능한다(박기령, 신동운, 2018). 학교생활은 교내 규칙 및 질서를 지키며 적응해나가며 생활해 나가는 것으로서, 대인관계를 잘 형성하며 긍정적으로 생활하는 회복탄력성이 높은 학생은 그렇지 않은 학생보다 적응적인 학교생활을 할 수 있을 것으로 예상할 수 있다.

03

청소년기 회복탄력성에
영향을 미치는 요인

가. 청소년 회복탄력성과 또래관계의 관계

임양미(2013)의 빈곤가정 청소년을 대상으로 한 연구에서 또래의 영향력이 부모 및 교사에 비해 높고 특히 또래와의 의사소통과 신뢰수준이 높을수록 자아 탄력성은 상대적으로 큰 영향을 받는다고 하였다. 이렇듯 어려움에 노출되어 있는 청소년일수록 또래의 영향력이 크며 또래와의 밀착된 관계를 통해 긍정적 에너지를 얻어 회복탄력성에도 영향을 미치는 것이다. 또래 관계의 질의 긍정적인 요인들은 자신과 상대를 이해하고 공감하여 타인과의 관계를 원만하게 유지됨으로써 대인관계능력을 향상시킬 수 있고, 이 과정을 통해 자신을 바르게 인식하고 삶을 의미 있게 살아갈 수 있는 긍정성에 영향을 미칠 수 있다. 또한 자아 탄력성은 가변적이며, 또래의 영향력이 증가하는 청소년기에는 가정의 경제적 어려움과 같이 위험요인에 중복적으로 노출될 경우 또래 관계를 통해 결정적인 영향을 받을 수 있다(임양미, 2013).

나. 청소년 회복탄력성과 학교적응의 관계

청소년의 학교적응과 회복탄력성의 선행연구를 살펴보면, 청소년의 발달과 적응문제를 설명하는 데 있어 환경적 변인과 함께 청소년의 심리 변인에 대한 논의가 필요하다고 하였다. 회복탄력성은 첫째, 환경으로부터의 자극에 대한 반응인 정서성과 상황적 요구에 알맞은 융통성 있는 행동과 문제해결 책략을 동원할 수 있는 능력이 있다. 둘째, 청소년의 회복탄력성이 높을수록 학교에 대한 흥미가 높고 학업성취가 좋으며, 학교규칙을 잘 준수한다고 하였다(구자은, 2000). 셋째, 회복탄력성은 아동이나 청소년이 경험하는 스트레스나 부정적인 압력을 완화시키는 성격적 특성이나 보호요인들을 가지고 있다(박연수, 2003). 넷째, 회복탄력성이 높은 집단은 낮은 집단에 비하여 사회적 적응을 더 잘하는 것으로 분석하였다(박혜영, 2004) 다섯째, 회복탄력성이 높을수록 청소년의 자아존중감이 높고, 문제해결능력과 원만한 대인관계를 유지하여 발달된다고 하였다(서해석, 2006). 여섯째, 중학생의 회복탄력성이 학교적응에 미치는 영향 연구에서 회복탄력성이 높을수록 사회적 유능성 및 문제해결능력이 높아지고 학교생활을 더 잘하는 것으로 나타났다(이신숙, 2013).

그러므로 회복탄력성은 스트레스를 이겨낼 수 있는 능력을 향상시키며 어려운 환경에서 부적응을 예방하고 효율적인 대처를 가능하게 하며 또래와의 대인관계에서 긍정적인 관계 형성과 학교 적응성과도 높은 관련성이 있는 것으로 나타났다(이해리, 조한익, 2005).

04

성인기 회복탄력성에 영향을
미치는 요인

가. 유치원 교사 회복탄력성과 직무 스트레스의 관계

유치원은 각각의 조직풍토가 형성되고 이러한 조직풍토는 교사의 직무스트레스와 높은 관계가 있다(윤혜영, 2009). 협동적 분위기에서 교사는 구성원 간에 친근감을 형성하고, 문제 발생 시 서로를 옹호하며, 스트레스를 낮게 인식한다(석은조, 신성철, 2008). 또한 협력적인 조직일수록 교사가 직무를 수행하는 데 야기되는 불안, 분노, 긴장과 같은 불쾌한 정서의 정도가 낮게 인식한다(김옥주, 조혜진, 2010). 동료교사 간에 신뢰하고 지지해주는 조직풍토는 부모와의 관계유지 등의 문제가 생겨도 서로에게 도움을 주기 때문에 부모 관련 스트레스가 적어질 수가 있다(김혜정, 2001). 직무스트레스는 교사들 상호간에 일방적으로 의사결정하기보다는 협조하는 조직일 때 완화된다(권연희, 2001). 따라서 교사는 서로 협력하고 소통하며, 동료 간에 신뢰하고, 심리적으로 안정감을 느끼는 조직을 형성해야 한다(박선해, 탁정화, 2014).

교사는 일부 스트레스적인 환경에도 불구하고 회복탄력성을 발휘해 심리적 문제를 극복하고 환경적 조건을 개선하며 교직생활을 이어나가기도 한다. 회복탄력성은 유아교사의 직무스트레스를 관리하는 자원이 되고 교직헌신을 직접적으로 증진시키는 요인이며, 교사의 건강과 교육의 질을 유지하고 향상시켜준다(권수현, 2010; 김련구, 2014; 박은미, 임해은, 2015).

특히, 유치원 교사가 경험하는 어려움과 해결방안을 유아, 학부모, 동료교사별로 살펴보면 다음과 같다. 첫째, 유아들과의 관계에서 겪는 어려움은 소통에서 오는 오해, 유아지도 시 발생하는 부정적인 관계 등이 있다. 이를 해결하기 위해 회복탄력성이 높은 교사들은 관찰을 통해 원인을 파악하고 유아의 입장에서 이해하려는 태도가 나타났으며, 회복탄력성이 낮은 교사들도 신체적 접촉, 언어적 표현, 스킨십 등을 통해 유아와 긍정적 관계를 위해 노력하고 있었다. 둘째, 학부모와의 관계에서 겪는 어려움은 학부모가 교사를 신뢰하지 않아 생기는 오해, 자녀의 원 생활에 대해 전달하는 과정에서 생기는 갈등 등이 있었다. 이를 해결하기 위해 회복탄력성이 높은 교사들은 부모의 입장에서 생각해 보며 부모님을 설득하였고, 회복탄력성이 낮은 교사도 직접적인 대화를 시도하며 오해를 풀기 위해 노력하였다. 셋째, 동료교사와의 관계에서 겪는 어려움은 상사의 지적, 소통부족 등이 있었다. 이를 해결하기 위해 회복탄력성이 높은 교사는 자신을 반성하며 동료교사의 입장을 생각해보려고 한다. 반대로 회복탄력성이 낮은 교사는 다른 사람의 도움을 받아 해결하거나 스스로 해결하려는 시도가 나타나지 않았다(신주은, 2014).

05

노인기 회복탄력성에 영향을
미치는 요인

가. 노인 회복탄력성과 자살의 관계

노인 자살생각은 다양한 외적요인에 의해 영향을 받지만, 개인의 내적인 회복탄력성 정도에 영향을 받는다. 선행연구결과 회복탄력성이 높을수록 자살생각을 감소시키고 여가 활동 참가도 높은 것으로 나타났다. 65세~85세 이상 노인을 대상으로 회복탄력성이 자살에 미치는 요인을 분석한 결과 다음과 같이 나타났다.

첫째, 회복탄력성은 일반적 특성 중 연령이 적을수록, 동거형태가 손 자녀와 함께 할수록, 용돈이 많을수록, 건강상태가 좋을수록 유의하게 나타났다. 회복탄력성 하위영역 중 대인관계능력은 동거형태, 용돈, 그리고 건강에 영향을 받았고, 자기조절능력은 연령과 용돈, 그리고 긍정성은 용돈에 의해 영향을 받았다. 둘째, 노인의 자살생각에 주요한 영향을 미치는 요인은 일반적 특성 중 건강상태, 우울정도와 회복탄력성 하위영역 중 자기조절능력과 긍정성으로 나타났다.

이상을 정리하면, 자살생각에 가장 큰 영향을 주는 요인으로는 노화에 따른 연령증가, 건강상태 악화, 우울, 그리고 회복탄력성 감소이다.

나. 노인 회복탄력성과 운동의 관계

운동을 하게 되면 뇌가 긍정적으로 변화한다. 긍정적인 감정이 강화되고 타인에게 좋은 인상을 주게 되며 따라서 원만한 인간관계와 리더십도 길러진다. 뿐만 아니라 업무성취도 창의성도 높아진다. 행복과 성공에 이르는 가장 빠르고 확실한 길이 바로 규칙적인 운동이다(김주환, 2011). Perration, Kumar & Machotka(2010)에 의하면, 뇌를 긍정적으로 변화시키기 위한 최소 조건은 일주일에 세 번 30분 이상, 최대 맥박수의 60~80% 정도의 강도로 8주 이상 운동하는 것이다. 김주환(2011)은 긍정적인 뇌를 만들기 위해서, 긍정성을 향상시키고, 행복의 수준을 높이기 위해서, 그리고 회복탄력성을 향상시키기 위해서 규칙적인 운동을 해야 한다고 한다.

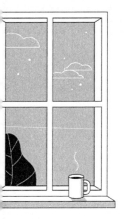

CHAPTER

08

회복탄력성 검사도구

유아기 회복탄력성
검사도구

유아 회복탄력성 평정척도는 이연실(2011)이 개발한 유아 탄력성 척도는 국내 최초로 단일화 된 유아 회복탄력성 평정척도로서 총 64문항으로 구성되었으며 모든 문항은 Likert 5점 척도에 따라 평정하며 「전혀 그렇지 않다」1점, 「그렇지 않다」2점, 「보통이다」3점, 「그렇다」4점, 「매우 그렇다」5점으로 채점한다. 유아 회복탄력성의 구체적인 문항 구성은 <표 8-1>과 같이 정리할 수 있다.

<표 8-1> 유아 회복탄력성 구성요인

요인		문항내용
정서적 탄력성	타인 이해 (7문항)	1. 또래친구들과 놀이를 할 때 협동적인 편이다.
		2. 친구의 이야기에 반응적이고 경청을 잘한다.(예: 고개를 잘 끄덕인다던지)
		3. 양보가 필요할 때는 친구에게 양보한다.
		4. 성인이 시키지 않아도 자발적으로 어려움에 처한 친구를 도와준다.
		5. 친구가 어려운 일을 당하면 위로해 줄 수 있다.(예: 등을 두드린다든지 안된 표정 짓기)
		6. 자신이 하고 싶은 놀이가 있더라도 친구가 제안하는 놀이를 먼저 할 수 있다.
		7. 자기와 같은 마음을 다른 친구도 느낄 수 있다고 안다.
	몰입성 (4문항)	8. 하고 싶은 놀이를 못하는 상황이 오면 다른 것을 해보려고 한다.
		9. 무엇인가 기다려야 할 때 자기가 할 일을 찾는다.
		10. 자신이 원하는 것을 상황이나 때에 맞춰 요구한다.

요인		문항내용
		11. 그날 해야 할 활동에 대해서 선생님이 이야기를 하면 집중하며 활동한다.
	수용과 인내 (11문항)	12. 자신이 한 실패나 실수를 인정할 줄 안다.
		13. 또래와의 갈등상황에서 부모나 교사가 중재해주면 받아들인다.
		14. 다른 사람의 반응이나 해결을 기다릴 줄 안다.
		15. 슬프거나 화가 나는 상황을 참아내려고 노력한다.
		16. 자신이 원하는 것을 나중에 하더라도 기다릴 줄 안다.
		17. 놀이나 과제를 하다가 어렵거나 힘들다고 중단하거나 회피하지 않는 편이다.
		18. 화난 감정을 폭발적으로 표현하지 않는 편이다.
		19. 원하는 것에 대해 차분하게 기다릴 줄 안다.
		20. 뜻대로 되지 않는 상황에서 떼를 쓰기보다는 좀 참았다가 요구할 수 있다.
		21. 떼쓰기나 부정적인 행동이 오래 지속되지 않고 빨리 안정을 찾는다.
		22. 안 되는 것에 대해 집요하게 물고 늘어지지 않고 그 상황을 전환하려고 한다.
	자기 위로 (4문항)	23. 힘든 상황에서 자기 스스로 주의전환을 시킬 줄 안다.(예: 괜찮아 그럴 수 있어)
		24. 스트레스 상황에서 자기 스스로 주의전환을 시킬 줄 안다.(예: 좋아하는 놀이 찾아서 하기, 좋아하는 책 읽기 등)
		25. 기분이 나쁘거나 화가 나는 것과 같은 부정적인 감정이 생길 때 진정 시키려 애쓴다.
		26. 실패를 하더라도 기분을 괜찮게 하려고 애쓴다.
	적극성 (4문항)	27. 안기거나 신체적 접촉하는 것을 좋아한다.
		28. 눈이 마주치면 잘 웃거나 반응할 줄 안다.
		29. 좋아하는 사람에게 긍정적인 정서 표현을 잘한다.(예: 보고 싶어요, 좋아해요, 이거 먹어보세요, 나도 그거 좋아해요)
		30. 친한 어른에게 스스럼없이 대하며 친숙함을 표시하기도 한다.
관계적 탄력성	개방성 (6문항)	31. 새로운 것에 대해 두려움보다는 긍정적 호기심을 드러낸다.
		32. 새로운 환경을 즐기는 편이다.(예: 소풍, 크리스마스 행사 등)
		33. 발표하는 것을 두려워하지 않는다.

요인		문항내용
		34. 관계 속에서 주목받는 것을 불편해하지 않는다.
		35. 자신의 일상에 대한 이야기나 에피소드를 편안하게 이야기한다.
		36. 기관에서 일어나는 환경변화를 잘 받아들인다.(예: 발표회에서 발표하기)
	놀이성 (3문항)	37. 늘 미소를 머금고 있거나 웃음이 많다.
		38. 무엇이든 즐겁게 하고 유머가 많다.
		39. 놀이를 재밌게 만들어가는 능력이 있다.
	친밀성 (3문항)	40. 새로운 친구들과도 쉽게 친해질 수 있다.
		41. 새로 만나는 성인과도 쉽게 친해질 수 있다.
		42. 친구가 먼저 말 걸어주기를 기대하기보다는 스스럼없이 먼저 다가갈 수 있다.
능력적 탄력성	문제 해결력 (7문항)	43. 하고 싶은 것을 스스로 선택한다.
		44. 교사가 말한 것을 잘 듣고 유사한 다른 상황에도 적용할 수 있다.
		45. 자신이 가지고 있는 장점이나 능력을 잘 활용하는 편이다.
		46. 한 가지 놀잇감을 다양한 방식으로 가지고 놀 수 있다.
		47. 자신이 알고 있는 상황(또는 물건)을 놀이에 잘 활용한다.
		48. 자신이 할 수 있는 것과 할 수 없는 것이 무엇인지 잘 아는 편이다.
		49. 놀이 시 자신이 필요한 것이 무엇인지 잘 안다.
	표현력 (6문항)	50. 갈등 상황에서 자신의 감정을 적절하게 표현할 수 있다.
		51. 갈등 상황에서 자신의 입장을 잘 설명할 수 있다.
		52. 자신이 처한 상황에 맞는 설명을 잘 한다.
		53. 자신이 원하는 바를 정확하게 표현할 수 있다.
		54. 자신이 원하는 바를 구체적으로 표현할 수 있다.
		55. 자신이 원하는 것에 대해서 표현을 자주 하는 편이다
	도전과 성취 (9문항)	56. 잘 되지 않으면 포기하지 않고 여러 번 반복해서 잘 해 보려고 노력한다.
		57. 자신이 할 수 없다고 생각되면 도전목표를 높인다.(예: 더 작은 구슬을 끼우고 한다. 과제 수준을 이전 단계보다 높이고자 한다)
		58. 도전 상황에서는 성공할 때까지 계속해서 시도하는 편이다.
		59. 옆에서 다른 아이나 형들이 하는 놀이를 보고 시도해 본다.
		60. 무엇이든 잘 하고 싶어 하는 열망이 있다.

요인		문항내용
		61. 자신이 완성한 것에 성취감을 느끼고 좋아한다.
		62. 주위 사람들로부터 인정받는 것을 즐긴다.
		63. 기관에서 배운 것들을 집에서 연습하여 온다.(예: 유치원에서 처음 배웠던 노래를 집에서 연습하여 다음날 능숙하게 부른다)
		64. 새로운 것을 배우면 잘하려고 애쓴다.
	합계	64문항

02

아동기 회복탄력성 검사도구

아동 회복탄력성 척도는 주소영과 이양희(2007)가 개발하고 타당화한 아동용 탄력척도(Rsc, The Reslience Scale for Children)를 사용하여 초등학생의 회복탄력성을 측정하였다. 각 문항은 '매우그렇다 (5)'에서 '그렇다 (4)', '보통이다 (3)', '아니다 (2)', '전혀아니다 (1)'의 5점 척도로 구성되었다. 전체 점수가 높을수록 아동의 회복탄력성이 높은 것으로 해석되고, 하위요인별 점수가 높을수록 해당 영역의 특성이 높은 것으로 간주한다. 아동용 회복탄력성 검사 구성요소는 부정적 감정의 인내, 자기효능감, 긍정적 지지관계, 통제력, 자발성으로 총 32문항으로 구성되어있고 각 구성요소는 <표 8-2>와 같이 정리할 수 있다.

<표 8-2> 아동 회복탄력성 검사 구성요소

하위요인		문항내용
회복 탄력성	부정적 감정의 인내 (8문항)	나는 어려운 일을 겪은 후에도 빨리 회복하는 편이다.
		나는 어떤 일이 힘들다고 쉽게 그만두지 않는다.
		내 생활은 의미가 있다고 생각한다.
		나는 속상할 때 그 마음을 어떻게 풀어야 하는지 잘 알고 있다.
		나는 실패했다고 쉽게 실망하지 않는다.
		나는 나 자신의 기분 나쁜 느낌들을 조절할 수 있다.
		나는 어떤 행동을 하는 것이 좋은지 알맞은 때를 찾을 수 있다.
		나는 힘들거나 슬플 때도 웃을 수 있다.
	자기	나는 내가 할 일을 해낼 만큼 충분한 힘을 가지고 있다.

하위요인	문항내용
효능감 (8문항)	나는 나에게 주어진 일에 최선을 다할 수 있다.
	나는 나에게 어떤 일이 일어나든지 할 수 있다.
	나는 한 가지 일에 대해 여러 가지 방향으로 생각한다.
	나는 이전에 어려운 일을 해보았기 때문에 또 힘든 일이 생겨도 이겨 낼 수 있다.
	나에게 일어나는 일들이 잘 되어 나갈 수 있다고 생각한다.
	나는 어려움을 해결할 때 내 스스로 할 수 있다고 생각한다.
	나는 다른 사람들이 잘 하지 않는 어려운 결정도 한다.
긍정적 지지 관계 (4문항)	나 혼자 힘으로 무엇인가 해 내었을 때 그 일로 칭찬 받는다.
	나는 도움이 필요할 때 나를 도와줄 누군가를 찾을 수 있다.
	나는 내가 필요하면 언제든 가족에게 기댈 수 있다.
	나는 이웃사람들이 나를 도와줄 수 있다고 생각한다.
통제력 (6문항)	나는 어떤 일을 할 때 한 가지 방법으로 잘 안되면 다른 방법으로 해 본다.
	방해를 받아도 내가 관심을 가진 일에 계속 주의를 기울일 수 있다.
	나는 어떤 일의 좋은 면을 보려고 한다.
	나는 나 자신을 좋아하고 믿는다.
	나는 내가 이루어낸 일에 대해 자랑스러워한다.
	나는 다른 사람들과 의견이 다를 때 싸우지 않고 내 생각을 말할 수 있다.
자발성 (4문항)	나는 활기차고 명랑하다.
	나는 다른 사람들이나 친구를 사귀는 것이 쉽다.
	나는 새로운 일에 도전하는 것을 좋아한다.
	나는 무서워하거나 걱정하는 일을 다른 사람에게 이야기할 수 있다.

03

청소년기 회복탄력성
검사도구

    청소년 회복탄력성 척도는 신우열, 김민규, 김주환(2009)이 개발한 YKRQ−27을 사용하였다. 문항은 27문항으로 Likert 5점 척도를 사용하였다. 각 문항은 '아주그렇다 (5)'에서 '대체로그렇다 (4)', '보통이다 (3)', '그렇지 않은 편이다 (2)', '전혀그렇지 않다 (1)'의 5점 척도로 구성되었다. 청소년 회복탄력성의 검사도구 구성은 자기조절력, 긍정성, 대인관계의 3가지로 구성되어 있고, 각 문항 내용은 <표 8−3>과 같이 정리할 수 있다.

<표 8-3> 회복탄력성 검사도구 구성

하위요인		문항내용
청소년 회복 탄력성	자기조절 능력 (9문항)	문제가 생기면 여러 가지 가능한 해결 방안에 대해 먼저 생각한 후에 해결하려고 노력한다.
		어려운 일이 생기면 그 원인이 무엇인지 신중하게 생각한 후에 해결하려고 노력한다.
		나는 대부분의 상황에서 문제의 원인을 잘 알고 있다고 생각한다.
		나는 어려운 일이 닥쳤을 때 감정을 통제할 수 있다.
		내가 무슨 생각을 하면, 그 생각이 내 기분에 어떤 영향을 미칠지 잘 알아챈다.
		이슈가 되는 문제를 가족이나 친구들과 토론할 때 감정을 잘 통제할 수 있다.
		당장 해야 할 일이 있으면 나는 어떠한 유혹이 나를 방해해도 잘 이겨낼 수 있다.
		일이 생각대로 잘 안 풀리면 쉽게 포기하는 편이다.

하위요인	문항내용
긍정성 (9문항)	나는 감사해야 할 것이 별로 없다.
	내가 고맙게 여기는 것들을 모두 적는다면, 아주 긴 목록이 될 것이다.
	세상을 둘러볼 때, 내가 고마워 할 것이 별로 없다.
	내 인생의 여러 가지 조건들은 만족스럽다.
	나는 내 삶에 만족한다.
	나는 내 삶에서 중요하다고 생각한 것들을 다 갖고 있다.
	열심히 일하면 언제나 보답이 있으리라고 생각한다.
	맞든 아니든, "아무리 어려운 문제라도 나는 해결할 수 있다"고 믿는 것이 좋다고 생각한다.
	어려운 상황이 닥쳐도 나는 모든 일이 다 잘 해결될 거라고 확신한다.
대인관계 능력 (9문항)	나와 정기적으로 만나는 사람들은 대부분 나를 싫어한다.
	서로 마음을 터놓고 얘기할 수 있는 친구가 거의 없다.
	서로 도움을 주고받는 친구가 별로 없는 편이다.
	나는 재치 있는 농담을 잘한다.
	나는 내가 표현하고자 하는바에 대한 적절한 문구나 단어를 잘 찾아낸다.
	나는 분위기나 대화상대에 따라 대화를 잘 이끌어 갈 수 있다.
	사람들의 얼굴표정을 보면 어떤 감정인지 알 수 있다.
	슬퍼하거나 화를 내거나 당황하는 사람을 보면 그들이 어떤 생각을 하는지 잘 알 수 있다.
	동료가 화를 낼 경우 나는 그 이유를 꽤 잘 아는 편이다.

04

성인기 회복탄력성
검사도구

회복탄력성 측정도구는 2003년 Reivich와 Shatte가 성인을 대상으로 개발한 회복탄력성 지수검사(RQT, Resilience Quotient Test)를 김주환(2009)이 개발한 한국형 회복탄력성 지수(KRQ-53)를 사용하였다. 총 53문항으로 자기조절능력, 대인관계능력, 긍정성의 하위요인으로 나누며 이는 각 3가지의 세부하위요인으로 나뉜다. 자기조절 능력에 해당하는 감정조절능력, 충동통제력, 원인분석력은 각 6개의 문항으로 구성되어 있으며 긍정문항 3문항, 부정문항 3문항을 포함한다. 대인관계능력의 세부하위요인인 소통능력, 공감능력, 자아확장력은 각 6개 문항으로 구성되며 긍정문항 3문항 부정문항 3문항을 포함한다. 긍정성의 세부하위요인인 자아낙관성, 생활만족도, 감사하기는 각각 6문항, 5문항, 6문항으로 구성되며 생활만족도를 제외한 하위요인에는 3개의 부정문을 포함하고 각 문항내용은 <표 8-4>와 같이 정리할 수 있다.

<표 8-4> 성인 회복탄력성 척도

하위요인		문항내용
자기 조절 능력	감정조절 능력 (6문항)	나는 어려운 일이 닥쳤을 때 감정을 통제할 수 있다.
		내가 무슨 생각을 하면, 그 생각이 내 기분에 어떤 영향을 미칠지 잘 알아챈다.
		논쟁거리가 되는 문제를 가족이나 친구들과 토론할 때 내 감정을 잘 통제할 수 있다.

하위 요인		문항내용
		집중해야 할 중요한 일이 생기면 신바람이 나기보다는 더 스트레스를 받는 편이다.
		나는 내 감정에 잘 휘말린다.
		때때로 내 감정적인 문제 때문에 학교나 직장에서 공부하거나 일할 때 집중하기 힘들다.
	충동 통제력 (6문항)	당장 해야 할 일이 있으면 어떠한 유혹이나 방해도 잘 이겨내고 할 일을 한다.
		아무리 당황스럽고 어려운 일이 닥쳐도, 나는 내가 어떤 생각을 하고 있는지 스스로 잘 안다.
		누군가 나에게 화를 낼 경우 나는 우선 그 사람의 의견을 잘 듣는다.
		일이 생각대로 잘 안 풀리면 쉽게 포기하는 편이다.
		평소 경제적인 소비나 지출 규모에 대해 별다른 계획이 없이 지낸다.
		미리 계획을 세우기보다는 즉흥적으로 일을 처리하는 편이다.
	원인 분석력 (6문항)	문제가 생기면 여러 가지 가능한 해결방안에 대해 먼저 생각한 후에 해결하려고 노력한다.
		어려운 일이 생기면 그 원인이 무엇인지 신중하게 생각한 후에 그 문제를 해결하려고 노력한다.
		나는 대부분의 상황에서 문제의 원인을 잘 알고 있다고 믿는다.
		나는 사건이나 상황을 잘 파악하지 못한다는 이야기를 종종 듣는다.
		문제가 생기면 나는 성급하게 결론을 내린다는 이야기를 종종 듣는다.
		어려운 일이 생기면, 그 원인을 완전히 이해하지 못했다 하더라도 일단 빨리 해결하는 것이 좋다.
대인 관계 능력	소통능력 (6문항)	나는 분위기나 대화 상대에 따라 대화를 잘 이끌어갈 수 있다.
		나는 재치 있는 농담을 잘한다.
		나는 내가 표현하고자 하는 바에 대한 적절한 문구나 단어를 잘 찾아낸다.
		나는 윗사람과 대화하는 것이 부담스럽다.
		나는 대화 중에 다른 생각을 하느라 대화내용을 놓칠 때가 종종 있다.
		대화를 할 때 하고 싶은 말을 다 하지 못하고 주저할 때가 종종 있다.
	공감능력 (6문항)	사람들의 얼굴 표정을 보면 어떤 감정인지 알 수 있다.
		슬퍼하거나 화를 내거나 당황하는 사람들을 보면 그들이 어떤 생각을 하는지 잘 알 수 있다.
		동료가 화를 낼 경우 나는 그 이유를 꽤 잘 아는 편이다.

하위 요인		문항내용
긍정성	자아 확장력 (6문항)	나는 사람들의 행동방식을 때로 이해하기 힘들다.
		친한 친구나 애인 혹은 배우자로부터 "당신은 나를 이해하지 못해"라는 말을 종종 듣는다.
		동료와 친구들을 정말로 좋아한다.
		나는 내 주변 사람들로부터 사랑과 관심을 받고 있다.
		나는 내 친구들을 정말로 좋아한다.
		내 주변 사람들은 내 기분을 잘 이해한다.
		서로 도움을 주고받는 친구가 별로 없는 편이다.
		나와 정기적으로 만나는 사람들은 대부분 나를 싫어하게 된다.
		서로 마음을 터놓고 얘기할 수 있는 친구가 별로 없는 편이다.
	자아 낙관성 (6문항)	열심히 일하면 언제나 보람이 있으리라고 생각한다.
		맞든 아니든, "아무리 어려운 문제라도 나는 해결할 수 있다"고 일단 믿 는 것이 좋다고 생각한다.
		어려운 상황이 닥쳐도 나는 모든 일이 다 잘 해결 될 거야 하고 확신한다.
		내가 어떤 일을 마치고 나면, 주변사람들이 부정적인 평가를 할까봐 걱정한다.
		나에게 일어나는 대부분의 문제들은 나로서는 어쩔 수 없는 상황에 의해 발생한다고 믿는다.
		누가 나의 미래에 대해 물어보면, 성공한 나의 모습을 상상하기 힘들다.
	생활 만족도 (5문항)	내 삶은 내가 생각하는 이상적인 삶에 가깝다.
		내 인생의 여러 가지 조건들은 만족스럽다.
		나는 내 삶에 만족한다.
		나는 내 삶에서 중요하다고 생각한 것들을 다 갖고 있다.
		나는 다시 태어나도 나의 현재 삶을 다시 살고 싶다.
	감사하기 (6문항)	나는 다양한 종류의 많은 사람들에게 고마움을 느낀다.
		내가 고맙게 여기는 것들을 모두 적는다면, 아주 긴 목록이 될 것이다.
		나이가 들어갈수록 내 삶의 일부가 된 사람, 사건, 생활에 대해 감사하는 마음이 더 커져간다.
		나는 감사해야 할 것이 별로 없다.
		세상을 둘러볼 때, 내가 고마워할 것은 별로 없다.
		사람이나 일에 대한 고마움을 한참 시간이 지난 후에야 겨우 느낀다.

05

응급의료인 회복탄력성 검사도구

응급의료인 회복탄력성 측정도구는 Connor와 Davidson(2003)의 Connor-Davidson Resilience scale(CRISC)을 백현숙(2010)이 번안하여 타당도와 신뢰도를 검증한 한국형 버전을 저자의 승인을 받아 사용하였다. 이 도구는 영성 2문항, 지속성 8문항, 강인성 9문항, 낙관성 4문항, 지지성 2문항의 5개 요인으로 총 25문항이며 각 문항내용은 <표 8-5>와 같이 정리할 수 있다.

<표 8-5> 응급의료인 회복탄력성 척도

하위요인	문항내용
강인성 (9문항)	변화가 일어날 때 적응할 수 있다.
	나는 무슨 일이 일어나도 처리할 수 있다.
	스트레스를 받을 때에도 나는 집중력과 사고력을 잘 유지한다.
	타인이 모든 결정을 하게 하기보다는 내가 문제해결을 주도하는 것을 더 좋아한다.
	나는 실패 때문에 쉽게 용기를 잃지 않는다.
	삶의 도전이나 역경에 잘 대처하는 강한 사람이라고 생각한다.
	슬픔, 공포, 분노와 같은 불쾌하거나 고통스러운 감정들을 잘 처리할 수 있다.
	나는 도전을 좋아한다.
지지 (2문항)	스트레스를 받았을 때 도와줄 가깝고 돈독한 사람이 적어도 하나 있다.
	스트레스/위기 상황에도 누구에게 도움을 청해야 할지 안다.
영성 (2문항)	내가 가지고 있는 문제에 분명한 해결책이 없을 때에는 가끔 신이나 운명이 도와줄 수 있다.

하위요인	문항내용
	인생의 문제를 처리할 때 간혹 이유 없이 직감에 따라 행동해야만 할 때가 있다.
인내력 (8문항)	과거의 성공들은 내가 새로운 도전과 역경을 다루는 데 자신감을 준다.
	나는 결과에 상관없이 최선의 노력을 기울인다.
	비록 장애물이 있더라도 나는 내 목표를 성취할 수 있다고 믿는다.
	희망이 없어 보이는 경우에도 나는 포기하지 않는다.
	삶에 대한 강한 목표의식이 있다.
	나는 내 인생을 스스로 잘 조절하고 있다.
	어떤 장애를 만나게 되더라도 내 목표를 달성하기 위해 나아간다.
	나는 내가 이룬 성취에 자부심을 느낀다.
낙관성 (4문항)	어려운 일이 생겼을 때, 나는 그 일의 재미있는 면을 찾아보려고 노력한다.
	스트레스 극복을 통해서 내가 더 강해질 수 있다.
	나는 병이나, 부상, 또는 다른 역경을 겪은 후에도 곧 회복하는 편이다.
	좋은 일이건, 나쁜 일이건 대부분의 일들은 그럴 만한 이유가 있어 일어나는 것이라 믿는다.

06

경찰관 회복탄력성 검사도구

경찰관 회복탄력성 척도는 신우열외(2009)가 회복탄력성의 다차원적 측면을 반영한 도구를 사용하였다. 이 척도는 9개 하위요인 27문항으로 구성되어있다. 각 문항은 '전혀 그렇지 않다' 1점에서 '매우 그렇다' 4점으로 응답하도록 구성되어 있으며 <표 8-6>과 같이 정리할 수 있다.

<표 8-6> 회복탄력성 척도

하위요인	문항내용
원인 분석력 (3문항)	문제가 생기면 여러 가지 가능한 해결 방안에 대해 먼저 생각한 후에 해결하려고 노력한다.
	어려운 일이 생기면 그 원인이 무엇인지 신중하게 생각한 후에 그 문제를 해결하려고 노력한다.
	나는 대부분의 상황에서 문제의 원인을 잘 알고 있다고 믿는다.
감정 통제력 (3문항)	나는 어려운 일이 닥쳤을 때 감정을 통제할 수 있다.
	내가 무슨 생각을 하면, 그 생각이 내 기분에 어떤 영향을 미칠지 잘 알아챈다.
	이슈가 되는 문제를 가족이나 친구들과 토론할 때 내 감정을 잘 통제할 수 있다.
충동 통제력 (3문항)	당장 해야 할 일이 있으면 나는 어떠한 유혹이나 방해도 잘 이겨 내고 할 일을 한다.
	아무리 당혹스럽고 어려운 상황이 닥쳐도, 나는 내가 어떤 생각을 하고 있는지 스스로 잘 안다.
	일이 생각대로 잘 안 풀리면 쉽게 포기하는 편이다.
감사하기 (3문항)	나는 감사해야 할 것이 별로 없다.
	내가 고맙게 여기는 것들을 모두 적는다면, 아주 긴 목록이 될 것이다.
	세상을 둘러볼 때, 내가 고마워 할 것은 별로 없다.

하위요인	문항내용
생활 만족도 (3문항)	내 인생의 여러 가지 조건들은 만족스럽다.
	나는 내 삶에 만족한다.
	나는 내 삶에서 중요하다고 생각하는 것들을 다 갖고 있다.
낙관성 (3문항)	열심히 일하면 언제나 보답이 있으리라고 생각한다.
	맞든 아니든 '아무리 어려운 문제라도 나는 해결할 수 있다'고 일단 믿는 것이 좋 다고 생각한다.
	어려운 상황이 닥쳐도 나는 모든 일이 잘 해결될 거라고 확신한다.
관계성 (3문항)	나와 정기적으로 만나는 사람들은 대부분 나를 싫어하게 된다.
	서로 마음을 터놓고 얘기할 수 있는 친구가 거의 없다.
	서로 도움을 주고받는 친구가 별로 없는 편이다.
커뮤니케 이션 (3문항)	나는 재치 있는 농담을 잘 한다.
	나는 내가 표현하고자 하는바에 대한 적절한 문구나 단어를 잘 찾아낸다.
	나는 분위기나 대화 상대에 따라 대화를 잘 이끌어 갈 수 있다.
공감능력 (3문항)	사람들의 얼굴표정을 보면 어떤 감정인지 알 수 있다.
	슬퍼하거나 화를 내거나 당황하는 사람을 보면 그들이 어떤 생각을 하는지 잘 알 수 있다.
	동료가 화를 낼 경우 나는 그 이유를 꽤 잘 아는 편이다.

07

교사 회복탄력성 검사도구

가. 보육교사 회복탄력성 검사도구

보육교사의 회복탄력성을 측정하기 위하여 Reivich와 Shatte(2003)가 개발한 회복탄력성 지수 검사(RQT, Resilence Quotient Test) 문항을 수정, 번안하여 사용한 이재영(2012)의 연구도구를 사용하였다. 하위요인에 대한 문항의 예를 살펴보면 충동통제력 하위요인 경우에는 '나는 일이 생각대로 잘 안 풀리면 쉽게 포기하는 편이다.' 낙관성 하위요인 경우에는 '어려운 상황에 직면했을 때에도 나는 다 잘될 것이라고 확신한다.' 등이 있다.

이 척도는 총 42문항으로 '전혀 그렇지 않다(1점)'에서 '매우 그렇다(5점)' 5점을 부여하는 Likert식 5점 척도이며, 회복탄력성의 부정적인 인식에 대한 19문항은 역 채점하도록 구성되어 있다. 문항내용은 <표 8-7>과 같이 정리할 수 있다.

<표 8-7> 보육교사 회복탄력성 척도

하위요인	문항내용
정서조절 (6문항)	나는 상사나 동료, 배우자, 자녀 등과 대화를 할 때, 미리 생각했던 것과 다르게 감정적으로 대처한다.*
	나는 어떤 불행이 닥쳐와도 내 감정을 잘 통제할 수 있다.
	나는 내 감정에 잘 휘둘린다.*
	나는 누군가 나를 화나게 하면, 그 일에 대해 이야기할 수 있을 정도로 내 마음이 진정될 때까지 기다릴 수 있다.
	나는 내가 느끼는 감정으로 인해 직장이나 가정에서 해야 할 일에 집중하는 데

하위요인	문항내용
	방해를 받는다.*
	나는 동료나 가족들과 민감한 주제로 토론할 때 감정을 잘 통제할 수 있다.
충동통제력 (6문항)	당장 해야 할 일이 있으면 나는 어떤 유혹이나 방해도 잘 이겨낼 수 있다.
	나는 일이 생각대로 잘 안 풀리면 쉽게 포기하는 편이다.*
	나는 문제가 생겼을 때 그 문제에 대해 어떻게 대처하는지 알고 있다.
	나는 직장이나 학교, 재정 상태에 대해 미리 계획하지 않는다.*
	나는 결과가 좋지 않더라도 미리 계획을 세우는 것보다 즉흥적으로 일하는 것을 선호한다.*
	나는 "예방이 치료보다 낫다(유비무환)"의 말을 믿는다.
낙관성 (4문항)	항상 모든 문제를 해결할 수 있는 것은 아니지만 '나는 어떤 문제도 해결할 수 있다'고 믿는다.
	나는 노력한 만큼 결과가 있을 것이라고 생각한다.
	내 미래에 대해 생각해 보면 내가 성공할 것이라고 상상하기 어렵다.*
	어려운 상황에 직면했을 때에도 나는 다 잘될 것이라고 확신한다.
원인 분석력 (5문항)	나는 문제가 발생하면 해결하기 전에 다양한 해결 방법을 생각해 본다.
	어떤 문제가 생겼을 때, 나는 그 문제를 해결하도록 시도하기 전에 무엇이 원인인지를 곰곰이 생각해 본다.
	나는 주변사람들에게 내가 사건이나 상황을 잘못 이해한다는 말을 자주 듣는다.*
	나는 문제가 발생했을 때 주변사람들에게 성급하게 결정한다는 말을 듣는다.*
	나는 대부분의 상황에서 문제의 실제적인 원인을 잘 파악한다고 생각한다.
공감능력 (7문항)	나는 사람들의 얼굴표정을 보면, 그 사람이 어떤 감정을 느끼고 있는지 알 수 있다.
	나는 왜 사람들이 그런 감정을 느끼는지 이해하기 어렵다.*
	나는 사람들이 왜 그렇게 반응하는지 이해하기 어렵다.*
	나는 슬퍼하거나 화를 내거나 당황하는 사람들을 보면 그들의 마음을 읽을 수 있다.
	나는 동료가 화를 낼 때 그 이유에 대해 잘 아는 편이다.
	나의 주변 사람들이나 친구들은 내가 그들을 이해하지 못한다고 말한다.*
	나는 동료와 친구들이 내가 자신의 말을 경청하지 않는다고 말한다.*
자기 효능감 (8문항)	만약 내가 생각한 첫 번째 해결책이 효과가 없으면 효과적인 방법을 찾을 때까지 다른 방법을 계속해서 시도할 수 있다.
	나는 어렵고 도전적인 것보다 내가 자신 있고 편한 것을 하는 것이 좋다.*
	나는 내 능력보다 다른 사람의 능력에 의지해 일하는 상황이 더 좋다.*

하위요인	문항내용
	나는 집이나 직장에 있을 때 나에게 문제해결능력이 있는지 의심한다.*
	나는 변화가 없고 단순하며 규칙적인 일을 좋아한다.*
	나는 대부분의 일을 잘 할 것이라고 믿는다.
	사람들은 문제의 해결을 위해 도움을 얻으려 나를 자주 찾는다.
	나는 문제 대처 능력이 뛰어나며 대부분의 도전에 잘 적응한다.
적극적 도전성 (6문항)	나는 호기심이 많다.
	나는 새로운 시도를 좋아하는 편이다.
	나는 새로운 도전이 싫다.*
	나는 도전을 내 자신을 개발하고 학습하는 방법이라고 생각한다.
	나는 새로운 사람을 만나는 것이 불편하다.*
	나는 반복된 일상생활이 가장 편하다.*

나. 유치원 교사 회복탄력성 검사도구

유치원 교사의 회복탄력성척도는 Reivich와 Shatte(2003)가 성인을 대상으로 개발한 회복탄력성 지수검사(RQT, Resilience Quotient Test)를 김주환(2009)이 번역하여 우리나라 일반 국민을 대상으로 검사하였던 도구이다. 도구의 적절성을 확인하기 위해 권수현(2010)이 원 도구를 재번역한 도구를 사용하였다.

이 도구는 총 56문항으로 정서조절력, 충동통제력, 낙관성, 원인분석력, 공감능력, 자기효능감, 적극적 도전성의 7개의 하위요인으로 구성되어 있다. 각각의 문항에 대해 Likert 5점 척도로 '전혀 그렇지 않다' 1점, '매우그렇다' 5점으로 평정하도록 되어있고 <표 8-8>과 같이 정리할 수 있다.

<표 8-8> 회복탄력성 척도

하위요인	문항내용
정서 조절력 (8문항)	나는 상사나 동료, 배우자, 자녀 등과 대화를 할 때, 미리 생각했던 것과 다르게 감정적으로 대처한다.*
	나는 효과적으로 업무에 집중할 수 있는 긍정적인 마음가짐을 유지할 수 없다.
	나는 어려운 일이 닥쳤을 때, 감정을 잘 통제할 수 있다.
	나는 내 감정에 잘 휘말린다.

하위요인	문항내용
	나는 내가 어떤 생각을 하는지, 그 생각이 내 기분에 어떤 영향을 미치는지 잘 안다.
	나는 누군가 나를 화나게 하면, 그 일에 대해 이야기할 수 있을 정도로 내 마음이 진정될 때까지 기다릴 수 있다.
	나는 내가 느끼는 감정으로 인해 직장이나 가정에서 해야 할 일에 집중하는 데 방해를 받는다.*
	나는 동료나 가족과 민감한 주제로 토론할 때 감정을 잘 통제할 수 있다.*
충동 통제력 (8문항)	당장 해야 할 일이 있으면 나는 어떤 유혹이나 방해도 잘 이겨낼 수 있다.
	나는 일이 생각대로 잘 안 풀리면 쉽게 포기하는 편이다.*
	나는 문제가 생겼을 때, 그 문제에 대해 어떻게 대처할지 알고 있다.
	나는 직장이나 학교, 재정 상태에 대해 미리 계획하지 않는다.
	나는 결과가 좋지 않더라도 미리 계획을 세우는 것보다 즉흥적으로 일하는 것을 선호한다.
	나는 누군가 나에게 화를 내면 먼저 그들이 하는 말을 경청한 후 반응한다.
	나는 "예방이 치료보다 낫다(유비무환)"는 말을 믿는다.
	나는 필요한 물건이 있으면 당장 가서 구입한다.*
낙관성 (8문항)	나는 미래에 내 건강이 어떨지 염려된다.*
	항상 모든 문제를 해결할 수 있는 것은 아니지만 '나는 어떤 문제도 해결할 수 있다'고 믿는다.
	나는 누군가 과민 반응을 보이면 그 사람이 그날따라 기분이 나빴기 때문이라고 생각하는 편이다.
	나는 어려운 일에는 늘 보상이 따른다고 생각한다.
	나는 업무를 마쳤을 때, 부정적인 평가를 받을까봐 걱정이 된다.
	나는 대부분의 문제가 내가 통제할 수 없는 상황에 의해 발생한다고 믿는다.
	내 미래에 대해 생각해보면 내가 성공할 것이라고 상상하기 어렵다.*
	어려운 상황이 닥쳐도 나는 모든 일이 다 잘 해결될 거라고 확신한다.
원인 분석력 (8문항)	나는 문제를 해결할 때 직감에 따라 처음 떠오르는 생각대로 처리한다.*
	나는 문제가 발생하면 해결하기 전에 먼저 다양한 해결 방법을 생각해 본다.
	나는 문제가 발생했을 때 해결하기 전에 문제의 원인에 대해 신중히 생각한다.
	나는 내가 통제할 수 없는 문제를 고민하느라 시간을 낭비하지 않는다.
	나는 주변 사람들에게 내가 사건이나 상황을 잘못 해석한다는 말을 듣는다.
	나는 문제가 발생했을 때, 주변사람들에게 성급하게 결정한다는 말을 듣는다.*

하위요인	문항내용
	나는 대부분의 상황에서 문제의 실제적인 원인을 잘 파악한다고 생각한다.
	나는 문제를 완전히 파악하지 못하더라도 가능한 빨리 해결하는 것이 좋다고 생각한다.
공감능력 (8문항)	나는 사람의 얼굴 표정을 보면, 그 사람이 어떤 감정을 느끼고 있는지 알 수 있다.
	나는 사람들이 왜 그런 식의 감정을 느끼는지 이해하기 어렵다.*
	나는 사람들이 왜 그런 방식으로 반응을 보이는지 이해하기 어려울 때가 있다.
	나는 슬퍼하거나 화를 내거나 당황하는 사람들을 보면 그들의 마음을 읽을 수 있다.
	나는 동료가 화를 낼 때, 그 이유에 대해 잘 아는 편이다.
	나는 책이나 영화를 보면 그 속에 잘 빠져든다.*
	나의 가족이나 친한 친구는 내가 그들을 이해하지 못한다고 말한다.*
	나의 동료나 친구들은 내가 자신의 말을 경청하지 않는다고 말한다.
자기 효능감 (8문항)	내가 생각한 첫 번째 해결책이 효과가 없으면 효과적인 방법을 찾을 때까지 다른 방법을 계속해서 시도할 수 있다.
	나는 도전적이고 어려운 일보다 자신감을 가질 수 있고 편안한 일을 선호한다.*
	나는 내 능력보다 다른 사람의 능력에 의지해 일하는 상황이 더 좋다.
	나는 직장이나 가정에서의 나의 문제해결력이 의심스럽다.
	나는 변화가 없고 단순하며 규칙적인 일을 좋아한다.*
	나는 대부분의 일을 잘 할 것이라고 믿는다.
	나는 사람들이 종종 자신의 문제를 파악하는 데 도움을 받기 위해 나를 찾는다고 생각한다.
	나는 대처능력이 뛰어나며 대부분의 도전에 잘 적응한다.
적극적 도전성 (8문항)	나는 호기심이 많다.
	나는 새로운 시도를 좋아하는 편이다.
	나에 대한 다른 사람들의 평가가 내 행동에 영향을 미치지 않는다.
	나는 혼자 책임지지 않는 상황이 더 편하다.*
	나는 새로운 도전이 싫다.
	나는 도전을 내 자신을 계발하고 학습하는 방법이라고 생각한다.
	나는 새로운 사람을 만나면 불편하다.*
	나는 정해진 일상이 가장 편하다.

다. 초등교사 회복탄력성 검사도구

초등학교 교사의 회복탄력성을 측정하기 위해 신우열, 김민규와 김주환(2009)이 개발한 YKRQ－27을 사용하였다. 이 척도는 선행연구(Diener, Emmous, Larsen & Griffin, 1985; Duran, 1983; Revich & Shatte, 2002; Seligman, 2002; Wiemann, 1977)에서 사용한 다양한 문항을 참고로 수정·보완하여 새로이 27문항으로 개발하였으며 <표 8-9>와 같이 정리할 수 있다.

<표 8-9> 초등교사 회복탄력성 척도

하위요인	문항내용
자기조절 (9문항)	문제가 생기면 여러 가지 가능한 해결 방안에 대해 먼저 생각한 후에 해결하려고 노력한다.
	어려운 일이 생기면 그 원인이 무엇인지 신중하게 생각한 후에 그 문제를 해결하려고 노력한다.
	나는 대부분의 상황에서 문제의 원인을 잘 알고 있다고 믿는다.
	나는 어려운 일이 닥쳤을 때 감정을 통제할 수 있다.
	내가 무슨 생각을 하며, 그 생각이 내 기분에 어떤 영향을 미칠지 잘 알아챈다.
	이슈가 되는 문제를 가족이나 친구들과 토론할 때 내 감정을 잘 통제할 수 있다.
	당장 해야 할 일이 있으면 나는 어떠한 유혹이나 방해도 잘 이겨내고 할 일을 한다.
	아무리 당황스럽고 어려운 상황이 닥쳐도, 나는 내가 어떤 생각을 하고 있는지 스스로 잘 안다.
	일이 생각대로 잘 안 풀리면 쉽게 포기하는 편이다.
긍정성 (9문항)	나는 감사해야 할 것이 별로 없다.
	내가 고맙게 여기는 것들을 모두 적는다면, 아주 긴 목록이 될 것이다.
	세상을 둘러볼 때 내가 고마워할 것은 별로 없다.
	내 인생의 여러 가지 조건들은 만족스럽다.
	나는 내 삶에 만족한다.
	나는 내 삶에서 중요하다고 생각한 것들을 다 갖고 있다.
	열심히 일하면 언제나 보답이 있으리라고 생각한다.
	맞든 아니든, "아무리 어려운 문제라도 나는 해결할 수 있다."고 일단 믿는 것이 좋다고 생각한다.
	어려운 상황이 닥쳐도 나는 모든 일이 다 잘 해결될 거라고 확신한다.

하위요인	문항내용
대인관계 (9문항)	나와 정기적으로 만나는 사람들은 대부분 나를 싫어하게 된다.
	서로 마음을 터놓고 얘기할 수 있는 친구가 거의 없다.
	서로 도움을 주고받는 친구가 별로 없는 편이다.
	나는 재치 있는 농담을 잘한다.
	나는 내가 표현하고자 하는 바에 대한 적절한 문구나 단어를 잘 찾아낸다.
	나는 분위기나 대화상대에 따라 대화를 잘 이끌어갈 수 있다.
	사람들의 얼굴 표정을 보면 어떤 감정인지 알 수 있다.
	슬퍼하거나 화를 내거나 당황하는 사람을 보면 그들이 어떤 생각을 하는지 잘 알 수 있다.
	동료가 화를 낼 경우 나는 그 이유를 꽤 잘 아는 편이다.

라. 중고등 교사의 회복탄력성 검사도구

회복탄력성 측정도구는 Reivich와 Shatte(2002)가 성인을 대상으로 개발한 회복탄력성 지수검사(RQT, Resilience Quotient Test)를 김주환(2009)이 개발한 한국형 회복탄력성 지수(KRQ-53)를 사용하였다. 총 53문항으로 자기조절능력, 대인관계능력, 긍정성으로 구성되었다. 5점 척도로 점수가 높을수록 그 변인의 특성이 강하다고 할 수 있다. 하위요인으로 나누며 이는 각 3가지의 세부하위요인으로 나뉜다. 자기조절능력에 해당하는 감정조절능력, 충동통제력, 원인분석력은 각 6개의 문항으로 구성되어 있으며 긍정문항 3문항, 부정문항 3문항을 포함한다. 대인관계능력의 세부하위요인인 소통능력, 공감능력, 자아확장력은 각 6개 문항으로 구성되며 긍정문항 3문항 부정문항 3문항을 포함한다. 긍정성의 세부하위 요인인 자아낙관성, 생활만족도, 감사하기는 각각 6문항, 5문항, 6문항으로 구성되며 생활만족도를 제외한 하위요인에는 3개의 부정문을 포함하고 각 문항내용은 <표 8-10>과 같이 정리할 수 있다.

<표 8-10> 회복탄력성 척도

하위요인		문항내용
자기조절 능력	감정조절 능력 (6문항)	나는 어려운 일이 닥쳤을 때 감정을 통제할 수 있다.
		내가 무슨 생각을 하면, 그 생각이 내 기분에 어떤 영향을 미칠지 잘 알아챈다.
		논쟁거리가 되는 문제를 가족이나 친구들과 토론할 때 내 감정을 잘 통제할 수 있다.
		집중해야 할 중요한 일이 생기면 신바람이 나기보다는 더 스트레스를 받는 편이다.
		나는 내 감정에 잘 휘말린다.
		때때로 내 감정적인 문제 때문에 학교나 직장에서 공부하거나 일할 때 집중하기 힘들다.
	충동 통제력 (6문항)	당장 해야 할 일이 있으면 어떠한 유혹이나 방해도 잘 이겨내고 할 일을 한다.
		아무리 당황스럽고 어려운 일이 닥쳐도, 나는 내가 어떤 생각을 하고 있는지 스스로 잘 안다.
		누군가 나에게 화를 낼 경우 나는 우선 그 사람의 의견을 잘 듣는다.
		일이 생각대로 잘 안 풀리면 쉽게 포기하는 편이다.
		평소 경제적인 소비나 지출 규모에 대해 별다른 계획이 없이 지낸다.
		미리 계획을 세우기보다는 즉흥적으로 일을 처리하는 편이다.
	원인 분석력 (6문항)	문제가 생기면 여러 가지 가능한 해결방안에 대해 먼저 생각한 후에 해결하려고 노력한다.
		어려운 일이 생기면 그 원인이 무엇인지 신중하게 생각한 후에 그 문제를 해결하려고 노력한다.
		나는 대부분의 상황에서 문제의 원인을 잘 알고 있다고 믿는다.
		나는 사건이나 상황을 잘 파악하지 못한다는 이야기를 종종 듣는다.
		문제가 생기면 나는 성급하게 결론을 내린다는 이야기를 종종 듣는다.
		어려운 일이 생기면, 그 원인을 완전히 이해하지 못했다 하더라도 일단 빨리 해결하는 것이 좋다.
대인관계 능력	소통능력 (6문항)	나는 분위기나 대화 상대에 따라 대화를 잘 이끌어갈 수 있다.
		나는 재치 있는 농담을 잘한다.
		나는 내가 표현하고자 하는 바에 대한 적절한 문구나 단어를 잘 찾아낸다.
		나는 윗사람과 대화하는 것이 부담스럽다.

하위요인		문항내용
		나는 대화 중에 다른 생각을 하느라 대화내용을 놓칠 때가 종종 있다.
		대화를 할 때 하고 싶은 말을 다 하지 못하고 주저할 때가 종종 있다.
	공감능력 (6문항)	사람들의 얼굴 표정을 보면 어떤 감정인지 알 수 있다.
		슬퍼하거나 화를 내거나 당황하는 사람들을 보면 그들이 어떤 생각을 하는지 잘 알 수 있다.
		동료가 화를 낼 경우 나는 그 이유를 꽤 잘 아는 편이다.
		나는 사람들의 행동방식을 때로 이해하기 힘들다.
		친한 친구나 애인 혹은 배우자로부터 "당신은 나를 이해하지 못해"라는 말을 종종 듣는다.
		동료와 친구들을 정말로 좋아한다.
	자아 확장력 (6문항)	나는 내 주변 사람들로부터 사랑과 관심을 받고 있다.
		나는 내 친구들을 정말로 좋아한다.
		내 주변 사람들은 내 기분을 잘 이해한다.
		서로 도움을 주고받는 친구가 별로 없는 편이다.
		나와 정기적으로 만나는 사람들은 대부분 나를 싫어하게 된다.
		서로 마음을 터놓고 얘기할 수 있는 친구가 별로 없는 편이다.
긍정성	자아 낙관성 (6문항)	열심히 일하면 언제나 보람이 있으리라고 생각한다.
		맞든 아니든, "아무리 어려운 문제라도 나는 해결할 수 있다"고 일단 믿는것이 좋다고 생각한다.
		어려운 상황이 닥쳐도 나는 모든 일이 다 잘 해결 될 거야 하고 확신한다.
		내가 어떤 일을 마치고 나면, 주변사람들이 부정적인 평가를 할까봐 걱정한다.
		나에게 일어나는 대부분의 문제들은 나로서는 어쩔 수 없는 상황에 의해 발생한다고 믿는다.
		누가 나의 미래에 대히 물어보면, 성공한 나의 모습을 상상하기 힘들다.
	생활 만족도 (5문항)	내 삶은 내가 생각하는 이상적인 삶에 가깝다.
		내 인생의 여러 가지 조건들은 만족스럽다.
		나는 내 삶에 만족한다.
		나는 내 삶에서 중요하다고 생각한 것들을 다 갖고 있다.
		나는 다시 태어나도 나의 현재 삶을 다시 살고 싶다.
	감사하기	나는 다양한 종류의 많은 사람들에게 고마움을 느낀다.

하위요인	문항내용
(6문항)	내가 고맙게 여기는 것들을 모두 적는다면, 아주 긴 목록이 될 것이다.
	나이가 들어갈수록 내 삶의 일부가 된 사람, 사건, 생활에 대해 감사하는 마음이 더 커져간다.
	나는 감사해야 할 것이 별로 없다.
	세상을 둘러볼 때, 내가 고마워할 것은 별로 없다.
	사람이나 일에 대한 고마움을 한참 시간이 지난 후에야 겨우 느낀다.

08

노인기 회복탄력성 검사도구

가. 일반 노인 회복탄력성 검사도구

노인의 회복탄력성을 알아보기 위하여 Karen Raybeach & Andrew syate가 개발한 것을 한국 실정에 맞게 소개한 신우열 등(2009)에서 사용된 다양한 문항들을 참고로 하여 박정숙(2013)이 설문 문항을 수정·보완하여 노인에게 사용한 회복탄력성 척도 KRG-27을 사용하였다. 이 측정도구는 자기조절능력(9문항), 대인관계능력(10문항), 긍정성(8문항)의 3개의 하위영역, 총 27문항으로 구성하였다. 본 척도의 점수와 방식은 '전혀 그렇지 않다'(1점), '그렇지 않다'(2점), '보통이다'(3점), '그렇다'(4점), '매우 그렇다'(5점)까지의 5점 척도로 점수화하고 부정적 문항에서는 역으로 환산하여 사용하며 구체적인 문항구성은 <표 8-11>과 같이 정리할 수 있다.

<표 8-11> 노인 회복탄력성 척도

번호	하위요인		내용
1	자기조절능력	감정조절능력	나는 어려운 일이 닥쳤을 때 감정을 잘 통제할 수 있다.
2			나는 내 감정에 잘 휘말린다.
3			때때로 내 감정적인 문제 때문에 일할 때 집중하기가 힘들다.
4		충동통제능력	일이 생각대로 잘 안 풀리면 쉽게 포기하는 편이다.
5			평소 경제적인 소비나 지출 규모에 대해 별다른 계획 없이 지낸다.
6			미리 계획을 세우기보다는 즉흥적으로 일을 처리하는 편이다.
7		원인	나는 대부분의 상황에서 문제의 원인을 잘 알고 있다고 믿는다.

번호	하위요인		내용
8		분석력	나는 사건이나 상황을 잘 파악하지 못한다는 이야기를 종종 듣는다.
9			문제가 생기면 나는 성급하게 결론을 내린다는 소리를 종종 듣는다.
10	대인관계능력	소통능력	나는 분위기나 대화상대에 따라 대화를 잘 이끌어 갈 수 있다.
11			나는 내가 표현하고자 하는 바에 대한 적절한 문구나 단어를 잘 찾아 낸다.
12			대화를 할 때 하고 싶은 말을 다 하지 못하고 주저할 때가 종종 있다.
13		공감능력	사람들의 얼굴 표정을 보면 어떤 감정인지 알 수 있다.
14			슬퍼하거나 화를 내거나 당황하는 사람들을 보면 그들이 어떤 생각을 하는지 알 수 있다.
15			동료가 화를 낼 경우 나는 그 이유를 꽤 잘 아는 편이다.
16			친한 친구로부터 당신은 나를 이해 못해 라는 말을 종종 듣는다.
17			동료와 친구들은 내가 자기 말을 잘 듣지 않는다고 한다.
18		자아확장력	나는 내 주변 사람들로부터 사랑과 관심을 받고 있다.
19			내 주변 사람들은 내 기분을 잘 이해한다.
20	긍정성	자아낙관성	열심히 일하면 언제나 보답이 있으리라고 생각한다.
21			어려운 상황이 닥쳐도 나는 모든 일이 다 잘 해결될 거라고 확신한다.
22			내가 어떤 일을 마치고 나면 주변사람들이 부정적인 평가를 할까봐 걱정한다.
23		생활만족도	내 삶은 내가 생각하는 이상적인 삶에 가깝다.
24			나는 내 삶에 만족한다.
25			나는 다시 태어나도 나의 현재 삶을 다시 살고싶다.
26		감사	내가 고맙게 여기는 것들을 모두 적는다면, 아주 긴 목록이 될 것이다.
27			나이가 들어갈수록 내 삶의 일부가 된 사람, 사건, 생활에 감사하는 마음이 더 커져간다.

나. 노인 위암환자의 회복탄력성 검사도구

본 검사도구는 Connor와 Davidson(2003)이 일반 성인 및 불안 장애를 가진 환자를 대상으로 개발한 도구인 Connor-Davidson Resilience Scale(CD-RISC)를 백현숙(2010)이 번안한 한국형 CD-RISC를 사용하였다. 이 도구는 강인성, 내구성, 지지, 낙관주의, 신념 등 5개 요인의 총 25개 문항으로 구성되어 있다. 각 문항은 '전혀 그렇지 않다' 1점부터 '매우 그렇다' 5점까지 Likert 척도이며 구체적인 문항구성은 <표 8-12>와 같이 정리할 수 있다.

<표 8-12> 노인 위암환자 회복탄력성 척도

번호	문항 내용
1	변화가 일어날 때 적응할 수 있다.
2	스트레스를 받았을 때 날 도와줄 가깝고 돈독한 사람이 적어도 하나 있다.
3	내가 가지고 있는 문제에 분명한 해결책이 없을 때에는 가끔 신이나 운명이 도와줄 수 있다.
4	나는 무슨 일이 일어나도 처리할 수 있다.
5	과거의 성공들은 내가 새로운 도전과 역경을 다루는 데 자신감을 준다.
6	어려운 일이 생겼을 때 나는 그 일의 재미있는 면을 찾아보려고 노력한다.
7	스트레스 극복을 통해서 내가 더 강해질 수 있다.
8	나는 병이나 부상 또는 다른 역경을 겪은 후에도 곧 회복하는 편이다.
9	좋은 일이건 나쁜 일이건 대부분의 일들은 그럴만한 이유가 있어 일어나는 것이라 믿는다.
10	나는 결과에 상관없이 최선의 노력을 기울인다.
11	비록 장애물이 있더라도 나는 목표를 성취할 수 있다고 믿는다.
12	나는 희망이 없어 보이는 경우에도 포기하지 않는다.
13	스트레스 위기 상황에서 누구에게 도움을 청해야 할지 안다.
14	나는 스트레스를 받을 때에도 집중력과 사고력을 잘 유지한다.
15	타인이 모든 결정을 하게 하기보다는 내가 문제해결을 주도하는 것을 더 좋아한다.
16	나는 실패 때문에 쉽게 용기를 잃지 않는다.
17	삶의 도전이나 역경에 잘 대처하는 강한 사람이라고 생각한다.
18	나는 남들이 탐탁지 않게 생각하는 어려운 결정도 필요하다면 할 수 있다.
19	슬픔, 공포, 그리고 분노와 같은 불쾌하거나 고통스러운 감정들을 잘 처리할 수 있다.

번호	문항 내용
20	인생의 문제를 처리할 때, 간혹 이유 없이 직감에 따라 행동해야만 할 때가 있다.
21	삶에 대한 강한 목표 의식이 있다.
22	나는 내 인생을 스스로 잘 조절하고 있다.
23	나는 도전을 좋아한다.
24	어떤 장애를 만나게 되더라도 내 목표를 달성하기 위해 나아간다.
25	나는 내가 이룬 성취에 자부심을 느낀다.

3부

생애주기별
회복탄력성
프로그램의 실제

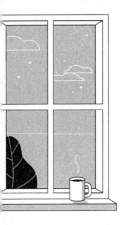

유아 회복탄력성
프로그램

01

협동 활동 중심 회복탄력성
프로그램[1]

가. 프로그램 구성 체계

유아는 또래와의 협동 활동과정에서 공동의 목표달성을 위해 자신을 조절하고 통제하며 긍정적인 사회적 상호작용에 참여하는 등의 경험을 통해 회복탄력성의 보호요인인 자아존중감, 주도성, 낙관성 자기조절, 대인관계능력 등이 증진될 것이다. 이에 협동 활동중심 회복탄력성 프로그램 구성 체계를 <표 9-1>과 같이 정리할 수 있다.

<표 9-1> 협동 활동 중심 회복탄력성 프로그램 구성 체계

프로그램 목적 및 목표	자신감을 가지고 상황에 적극적으로 대처할 수 있는 마음의 힘을 키우고 다른 사람과 어울려 살아갈 수 있는 역량을 기른다. • 첫째, 자신을 존중하는 태도를 기른다. • 둘째, 직면한 상황에 대처하는 적극적인 자세를 기른다. • 셋째, 현실과 미래에 대해 적극적인 자세를 기른다. • 넷째, 감정과 행동을 조절하여 표출한다. • 다섯째, 원활한 대인관계 역량을 기른다.
프로그램 내용	〈교수 · 학습 원리〉 • 참여의 원리, 상호작용의 원리, 융통성의 원리

---

1) 이은정(2020). 협동 활동중심 유아 회복탄력성 증진 프로그램 개발 및 효과. 박사학위논문. 전남대학교.

	〈교수 · 학습 단계〉 • 주제 인식 및 공감하기 • 관계형성 및 협상하기 • 주도적 참여 및 협업하기 • 평가 및 내면화 하기
프로그램 방법	〈교수 · 학습 원리〉 • 참여의 원리, 상호작용의 원리, 융통성의 원리 〈교수 · 학습 단계〉 • 주제 인식 및 공감하기 • 관계형성 및 협상하기 • 주도적 참여 및 협업하기 • 평가 및 내면화하기
프로그램 평가	〈유아평가〉 〈프로그램평가〉

나. 프로그램 내용

협동 활동중심 회복탄력성 프로그램의 내용은 총 16회기로 구성되었으며 프로그램 구성내용을 <표 9-2>와 같이 정리할 수 있다.

<표 9-2> 협동 활동중심 회복탄력성 프로그램 회기별 프로그램

회기	활동명	활동목표	활동내용
1	사랑을 전하는 주사위놀이	사랑을 표현할 수 있는 다양한 방법에 대해 이 야기 할 수 있다.	내가 사랑을 느낄 때는 언제인지 이야기를 나눈다.
2	내가 해냈어요	내가 성공한 일, 열심히 노력한 일에 대해 이야 기할 수 있다.	한 분야에 성공한 다양한 인물들의 사진을 살펴보고 이야기를 나누어본다.
3	우리들의 몸 이예요	그려진 자신의 몸을 보 고 즐거움을 경험한다.	친구들의 신체 각 부분의 사진을 보여 주며 퀴즈를 낸다.
4	몸으로 말해요	몸짓으로 원하는 것을 표현할 수 있다.	교사가 내는 몸짓 수수께끼로 교사가 전달 하고자 하는 말에 대해 맞추어본다.
5	안 좋은 마음을 버려요	자신의 다양한 감정을 인식할 수 있다.	다양한 감정에 대한 이야기를 나누어 본다.

회기	활동명	활동목표	활동내용
6	표정책 만들기	긍정적인 감정의 표정과 부정적인 감정의 표정을 구분할 수 있다.	다양한 표정이 나타나 있는 사진을 보고 이야기를 나누어본다.
7	나의 화풍선 터트리기	내가 화가 나는 상황과 기분 좋은 상황을 이야기할 수 있다.	화가 날 때 나의 느낌에 대해 이야기 해 본다. • 화가 나면 느낌이 어떠니? • 어떻게 하면 화난 마음이 사라지니?
8	지그 제그 인물화	자신을 수용하는 태도로 형성한다.	'선생님은 ○○이를 사랑해' 노래로 주의를 집중시킨다.
9	과연 나라면?	제시된 상황카드를 보고 자신의 감정을 이야기할 수 있다.	동화책 '소피가 화나면'을 들려준다. • 친구들은 화났을 때 어떻게 행동하나요? • 기분이 좋을 때는 어떻게 하나요?
10	우리의 생각지도	• 자신을 존중하는 태도를 기른다. • 활기차며 긍정적으로 사고한다.	• 융판동화로 주의를 집중한다. • 나는 지금 어떤 생각을 하는지 이야기 해 본다.
11	칭찬메달 수여식	친구의 칭찬하고 싶은 점에 대해 이야기를 할 수 있다.	내가 집에서 칭찬을 받았던 경험에 대해 이야기를 나누어본다.
12	우리는 어린이영웅	자신이 상상하는 것을 자유롭게 이야기 할 수 있다.	다양한 능력을 가진 영웅들의 동영상을 시청한다. • 영웅이란 무엇일까요? 어떤 능력을 가지고 있었나요?
13	영웅 포스터 만들기	자신에 대해 긍정적으로 인식할 수 있다.	지난 시간에 찍은 영웅 모습을 한 친구들의 사진을 살펴보며 이야기를 나눈다.
14	우리 반 전시회에 동생들을 초대해요	적극적으로 동생 반을 초대하기 위한 다양한 방법에 대해 의견을 제시할 수 있다.	우리가 만든 다양한 작품을 동생 반에게 보여줄 수 있는 다양한 방법에 대해 이야기를 나누어 본다.
15	우리 반의 작품이에요	각자의 역할에 맞게 전시회에서의 역할을 수행할 수 있다.	우리 반을 둘러본다. • 우리들이 했던 작품이 가득한 교실을 보니 어떤 느낌이 드니?
16	어떤 변화가 있었어요	자신의 감정과 행동을 조절하고 통제하여 올바른 방법으로 표출한다.	프로그램을 마무리하며 가장 즐거웠던 활동과 힘들었던 활동 등에 대해 이야기를 나눈다.

다. 프로그램 예시

협동 활동중심 회복탄력성 프로그램은 활동과정으로는 주제인식 및 공감하기, 관계형성 및 협상하기, 주도참여 및 협업하기, 평가 및 내면화하기로 구성되었으며 <표 9-3>과 같이 정리할 수 있다.

<표 9-3> 협동 활동중심 회복탄력성 프로그램 예시

6회기			
활동명	내용영역	표정책 만들기	자기조절, 주도성, 대인관계
활동목표	• 긍정적인 감정의 표현과 부정적인 감정의 표정을 구분할 수 있다. • 표정책 만들기 활동에 주도적으로 참여한다. • 표정책을 만들어 친구에게 소개할 수 있다.		
준비물	잡지, 신문, 사진 등의 인물사진, 종이, 색연필, 싸인펜, 풀 등		
활동과정	활동내용		

주제인식 및 공감하기	• 다양한 표정이 나타나있는 사진을 보고 이야기를 나누어 본다.
	  - 이 사람은 왜 이런 표정을 하고 있을까?
	  - 기분이 좋을 때, 설렐 때, 벅찰 때, 화가 날 때, 슬플 때, 부끄러울 때는 어떤 표정이 지어지니?
	• 다양한 표정에 대한 나의 경험을 이야기 해 본다.
	  - 어떨 때 이런 표정이 지어지니?
	• 오늘의 활동을 소개한다.
	  - 오늘은 다양한 잡지와 신문, 사진 속에 있는 사람들의 표정을 모아서 표정책을 만들어 볼 거란다. 왜 이런 표정을 하고 있었는지 이야기를 만들어보자.		

관계형성 및 협상하기	• 모둠을 만드는 방법에 대해 토의하고 모둠을 구성한다.
	  - 어떤 방법으로 모둠을 나누어볼 수 있을까?
	  - 조원들과 함께 인사를 나누어보자.
	• 표정책을 만드는 방법에 대해 토의한다.
	• 표정책 안에 넣을 표정들과 이야기를 결정한다.		

주도적 참여 및 협업하기	• 조원끼리 표정사진을 스크랩하여 모아 표정책에 붙여주고 조원들끼리 이야기를 만들어 표정책을 완성해 본다. • 완성된 표정책을 살펴보고 페이지 등을 달고 제목을 붙여 함께 마무리해 본다.		
평가 및 내면화하기	• 만들어진 표정 책을 가지고 대집단으로 모인다. • 조별로 만들어낸 표정책을 서로 소개하는 시간을 갖는다. • 협동과정에 대한 평가를 해 본다. - 조원들과 함께 표정책을 만들어 즐겁거나 어려웠던 점이 있었니? • 마음일기에 협동 활동에서 느낀 점에 대해 간단히 적어본다.		

02

가정연계 활동 중심 회복탄력성 프로그램[2]

가. 프로그램 구성 체계

가정연계활동 중심 회복탄력성 프로그램의 내용은 tyler(1949)의 교육과정 개발 원리인 계속성, 계열성, 통합성의 원리를 준수하여 구성되어 있다. 회복탄력성의 활동내용은 자기조절, 자아 효능, 긍정 정서, 공감적 태도, 문제해결을 포함하고 내용은 <표 9-4>와 같이 정리할 수 있다.

<표 9-4> 가정연계 활동 중심 회복탄력성 프로그램 구성 체계

목적 및 목표	• 유아의 회복탄력성을 증진시킨다. • 상황과 타인을 이해하고 자신의 행동과 정서를 조절한다. • 자신을 긍정적으로 인식하고 가치 있게 느낀다. • 문제나 갈등상황을 긍정적인 태도로 바라본다. • 타인의 사고와 감정을 인식하고 공감한다. • 문제 상황을 인식하고 긍정적으로 해결하고자 한다.
교육 내용	• 자신의 감정인식하기 • 상황에 따라 자기감정과 행동 조절하기
	• 자신을 가치 있게 느끼기 • 주어진 과제를 적극적으로 수용하기 • 어려움을 극복할 수 있다고 인식하기

---

2) 소영란(2020). 가정연계 활동을 포함한 유아회복탄력성 프로그램의 개발 빛 적용 효과. 박사 학위논문. 원광대학교.

	• 문제상황을 긍정적인 태도로 바라보기 • 미래가 긍정적으로 변화할 것이라 인식하기
	• 타인의 감정 인식하기 • 타인의 상황과 감정에 이입하기 • 타인의 감정 공유하기 • 문제 상황 인식하기 • 문제 상황에 따른 해결책 제시하기

교수
-
학습
방법
	〈교수-학습단계〉
	• 1단계: 그림책 들려주기
	  - 가정에서 활동한 것들 공유하기
	  - 내용 이해하기
	  - 사건의 원인 알기
	  - 등장인물의 생각(마음) 파악하기
	  - 자신의 생각을 말로 표현하기
	
	• 2단계: 그림책 다시 들려주기 및 구체적 사고하기
	  - 등장인물의 생각(마음) 이해하기
	  - 긍정적인 내용(부분) 찾아 이야기하기
	  - 사건의 해결책 찾기
	
	• 3단계: 확장활동
	  - 미술표현, 신체활동 또는 놀이
	  - 마무리하기
	
	• 4단계: 가정연계활동
	  - 유치원에서 수행한 연관 활동자료 가정으로 배부
	  - 회복탄력성 카드 작성하기
	  - 활동과 관련된 자료 공유하기
	  - 정보공유하기(가정통신문 배부, 언어 전달장 활용)
	  - 개별상담 또는 전화상담

	〈교수-학습활동〉 • 그림책 들려주기, 이야기 나누기, 토의하기, 미술활동, 신체활동, 가정연계활동
	〈교사역할〉 • 그림책 들려주기: 동기유발자, 상호 작용자 • 그림책 다시 들려주기 및 구체적 사고하기: 촉진자, 조력자 • 가정 연계활동: 지원자, 제공자 • 평가단계: 평가자 • 물리적 환경 구성자
	〈활동형태〉 • 대집단, 소집단

나. 프로그램 내용

가정연계활동 중심 회복탄력성 프로그램의 내용은 총 14회기로 구성되었으며 <표 9-5>와 같이 정리할 수 있다.

<표 9-5> 가정연계 활동 중심 회복탄력성 프로그램 회기별 내용

회기(제목)	회복탄력성 활동내용	가정연계 활동내용
1. 어떡하지	1. 그림책 들려주기 • 내용 이해하기 2. 구체적 사고하기 • 등장인물 마음이해하기 3. 확장활동 • 미술활동	• 유아와 부모가 각자 두려워하는 것이 무엇인지 이야기하고 그림으로 표현하기 • 자료공유하기 • 회복탄력성 카드
2. 퉁명스러운 무당벌레	1. 그림책 들려주기 • 내용이해하기 2. 구체적 사고하기 • 등장인물 행각 알기 3. 확장활동(신체활동) • 퉁명스러운 무당벌레가 되어 장애물 넘기	• "퉁명스러운 무당벌레처럼 기분이 좋지 않을 때"에 대해 가족토의를 진행하고 기록한다.
3. 미운 오리새끼	1. 그림책 들려주기 • 자신의 생각을 말로 표현하기 2. 구체적 사고하기 • 사건의 원인알기 3. 확장활동(조형활동) • 폼 클레이를 활용해 백조를 만들고 이야기나누기	• 자기의 단점을 장점으로 바꾸는 방법을 부모님과 함께 찾아보고 어디에 적용할 수 있는지 글로 적어본다. • 나의 장점을 적은 종이로 아름다운 백조를 접고 꾸민 후 가족백조를 구성해 본다.
4. 이슬이의 첫 심부름	1. 그림책 들려주기 • 자신의 생각을 말로 표현하기 2. 구체적 사고하기 • 등장인물의 생각 이해하기 3. 확장활동(신체활동) • 네발자전거 타고 미션 수행하기	• 집 근처에 아이가 가보았던 가게에 심부름을 다녀올 수 있도록 한다. • 심부름을 다녀온 후 어려웠던 점이나 즐거웠던 점에 대해서 부모님과 교감하는 시간을 갖는다. • 회복탄력성 카드 쓰기
5. 짧은 귀 토끼	1. 그림책 들려주기 • 내용 이해하기	• A4용지 크기로 가족 구성원의 사진을 인쇄하여 동그랗게 둘러

회기(제목)	회복탄력성 활동내용	가정연계 활동내용
	2. 구체적 사고하기 　• 사건의 해결책 찾기 3. 확장활동(미술활동) 　• 거울로 자기 얼굴 보며 자화상 그리기	앉아 칭찬 릴레이 진행한다. • "토끼의 귀가 길어지는 방법"에 대해 가족토의를 진행하고 기록한다.
6. 마음아 작아지지 마	1. 그림책 들려주기 　• 자신의 생각을 말로 표현하기 2. 구체적 사고하기 　• 등장인물의 생각 파악하기 3. 확장활동(미술활동) 　• 친구의 장점을 찾아서 그림으로 표현하기	• 자신이 생각했을 때 잘 하지 못한다고 생각하는 것들을 적어보고 반면에 가장 잘 하는 또는 자신 있는 것을 적어보고 이야기를 나눈다. • 회복탄력성 카드 쓰기
7. 수탉의 세상구경	1. 그림책 들려주기 　• 내용 이해하기 2. 구체적 사고하기 　• 등장인물의 생각 이해하기 3. 확장활동(조형 활동) 　• 수탉이 세상구경을 떠날 때 필요한 물건을 폐품을 이용해 만들어보기	• 집 근처 초등학교를 부모님과 방문 전 느낌이나 생각에 대해 이야기를 나누어 보고, 방문하고 난 후의 느낌을 공유해 본다.
8. 슬픔을 멀리 던져요	1. 그림책 들려주기 　• 사건의 원인 알기 2. 구체적 사고하기 　• 긍정적 내용 찾아 이야기하기 3. 확장활동(신체활동) 　• 사랑하는 멍멍이 인형을 찾아 떠나는 모험	• 감정 병풍책 만드는 방법을 부모님과 함께 이야기 나누어 책 만들기를 완성한 후 슬픔의 감정에 대해 이야기를 나누어본다. • 회복탄력성 카드 쓰기
9. 길 잃은 무지개 물고기	1. 그림책 들려주기 　• 등장인물의 생각 파악하기 2. 구체적 사고하기 　• 사건의 해결책 찾기 3. 확장활동(미술활동)	• "무지개 물고기처럼 길을 잃었을 때" 상황에 대한 가족토의를 진행하고 기록한다.
10. 바바 빠빠	1. 그림책 들려주기 　• 사건의 원인 알기 2. 구체적 사고하기 　• 사건의 해결책 찾기	• 가정으로 보내드린 동화의 등장인물처럼 자유롭게 몸의 형태를 바꾸는 슬라임을 함께 만들어보고 몸의 형태를 마음대로 바꿀

회기(제목)	회복탄력성 활동내용	가정연계 활동내용
	3. 확장활동(신체활동) • 커다란 몸집으로 변신! 커다란 몸으로 미션을 수행하기	수 있다면 무엇을 하고 싶은 지를 함께 이야기 나누고 그림으로 표현한다.
11. 돼지 책	1. 그림책 들려주기 • 가정에서 활용한 것들을 공유하기 2. 구체적 사고하기 • 긍정적인 내용을 찾아 이야기 나누기 3. 확장활동(미술활동) • "우리 가족이 모두 돼지로 변한다면?" 상상하여 그리기	• 가족 구성원이 가정에서 하는 일을 하루만 바꿔서 해 본다. • 역할을 바꿔서 한일에 대한 느낌을 공유해 본다. • 회복탄력성 카드 쓰기
12. 늑대가 들려주는 아기돼지 삼형제	1. 그림책 들려주기 • 가정에서 활용한 것들을 공유하기 2. 구체적 사고하기 • 긍정적인 내용을 찾아 이야기 나누기 3. 확장활동 • 아기돼지 삼형제와 늑대가 들려주는 아기돼지 삼형제의 이야기를 비교해보기	• 유치원에서 보내준 자료를 이용하여 부모님과 함께 막대인형극을 해보며 늑대에 감정이입 해 본다.
13. 무엇이든 삼켜버리는 마법 상자	1. 그림책 들려주기 • 가정에서 활용한 것들을 공유하기 2. 구체적 사고하기 • 긍정적인 내용을 찾아 이야기 나누기 3. 확장활동(조형 활동) • 무엇이든 삼켜버리는 나만의 마법 상자 만들기	• 내가 만든 마법 상자 속에 담고 싶은 것들을 하나씩 담고 집 어딘가에 숨기고 그것을 마법 상자에 담은 이유에 대해서 이야기를 나눈다.
14. 부루퉁한 스핑키	1. 그림책 들려주기 • 가정에서 활용한 것들을 공유하기 2. 구체적 사고하기 • 긍정적인 내용을 찾아 이야기 나누기 3. 확장활동(게임) • 감정 할리걸리	• 가족들 간의 서로 미안했던 일들을 편지로 적어 마음을 전달한다. • 회복탄력성 카드 쓰기

다. 프로그램 예시

가정연계 활동 중심 회복탄력성 프로그램은 1주차 1단계, 2단계, 3단계, 4단계로 구성되었다. 활동 방법으로는 동화내용과 단계별 활동과정으로 구성되었으며 <표 9-6>과 같이 정리할 수 있다.

<표 9-6> 가정연계 활동 중심 회복탄력성 프로그램

1주차	어떡하지?		
동화내용	엄마와 함께 친구의 집을 찾아 나선 조는 앞으로 일어날지 모르는 일에 대해 걱정이 앞섭니다. '모르는 애가 있으면 어떡하지?' '사람들이 엄청나게 많으면 어떡하지?' '내가 싫어하는 음식들만 있으면 어떡하지? 등 두려움은 커져만 갑니다. 친구의 집인가 싶어 들여다 본 낯선 집들의 광경은 이런 조의 마음을 반영한 듯 엉뚱하고 황당하기만 합니다. 결국 파티를 포기하고 집으로 돌아가려는데 친구들이 문을 열고 나와 조를 맞아줍니다. 그리고 조가 걱정했던 것과 달리 훨씬 재미있는 시간을 보내게 됩니다.		
1단계	"어떡하지?" 들려주기	소요시간	20분~25분
활동자료	등장인물 그림자료, 그림책		
	활동방법		
활동과정	‣ 그림책 소개하기 • 출판본 그림책을 소개한다. • 그림표 표지를 보여주며 그림책의 내용을 예측한다. 　– 이 그림책은 어떤 이야기일까? 　– 그림과 제목을 보니까 이 친구는 어떤 친구일 것 같니? ‣ 그림책 들려주기 • 그림책 읽어주기 내용을 이해하여 사건의 원인, 동장인물의 생각(마음)을 파악하기 위해 교사와 상호작용한다. 이야기에 대한 교사의 발문에 유아는 자신의 생각을 말로 표현한다. ‣ 내용 이해하기 • 그림책 내용을 바탕으로 내용 이해를 위해 발문한다. T: 이 동화의 주인공은 누구니? T: 조 말고 또 누가 나오지? T: 이 이야기는 어디에서 일어났니? T: 어떤 일이 있었니? T: 그래서 어떻게 되었니?		

	▸ 등장인물의 생각(마음) 파악하기 　T: 파티에 초대받은 조는 어떤 생각(마음)을 가지고 있었니? 　T: 조는 왜 그런 생각(마음)을 가지고 있었니? 　T: 조가 엄마와 파티에 가던 중 낯선 집들은 조의 눈에 어떻게 보였니? 　T: 파티에 온 다른 친구들은 조에게 어떻게 했니? ▸ 사건의 원인알기 　T: 조는 왜 친구 집에 가게 되었니? 　T: 조는 무엇을 걱정하였니? (걱정한 내용이 무엇이니?) 　T: 친구집에 도착한 조에게 어떤 일이 있었니?		
2단계	"어떡하지?" 다시 들려주기 및 구체적 사고하기	소요시간	20~25분
활동자료	▸ 그림책 다시 읽기 　• 2일 전에 읽은 그림책을 유아들에게 다시 읽어준다.		
	활동방법		
활동과정	그림책에 나오는 유아 회복탄력성 관련 내용에 대해 이야기를 나눈다. ▸ 등장인물의 생각(마음) 이해하기 　• 등장인물의 생각(마음)에 대한 자신의 생각과 느낌을 말로 표현해 본다. 　T: 파티에 초대받았을 때 조는 어떤 기분이었니? 　T: 왜 그런 기분이 들었을까? 　T: 엄마가 걱정하는 것은 무엇이었니? 　T: 파티장소로 엄마와 함께 갈 때 조는 어떤 생각을 하였을까? 　T: 조는 두려워하던 곳에 직접 갔을 때 어떤 기분이었니? 　T: 두려워서 집에 가려고 했는데 친구들이 문을 열고 나와서 조를 맞아줬을 　　 때 조의 기분은 어땠을까? 　T: 왜 그렇게 생각하니? 　T: 만약 너희가 조의 친구들이라면 조에게 어떤 말을 해주었을 것 같니? 　T: 조의 얼굴이 파티에 가기 전과 다녀온 후 어떻게 변화되었지? 　T: 너희도 조처럼 새로운 곳에 갈 때 두려운 마음을 가진 적 있니? 　T: 가보니까 어땠니? ▸ 긍정적인 내용(부분) 찾아 이야기하기 　T: 조가 파티에 가는 것을 두려워했지만 조가 기분이 좋았던 장면도 있을까? 　T: 어떤 장면에서 조가 기분이 좋았을 것 같니? 　T: 왜 그렇게 생각하니? ▸ 사건의 해결책 찾기 　T: 조의 두려운 마음을 해결해줄 수 있는 방법이 있을까?		

	T: 낯선 곳에 갈 때 (새로운 것에 도전할 때) 두려운 마음보다 즐거운 마음을 가질 수 있는 방법이 있을까? T: 조에게 해주고 싶은 말이 있니? 무엇이니?
3단계	"어떡하지?" 확장활동
활동자료	얼굴 표정 자료, 활동 그림자료, 색연필, 활동지
	활동방법
활동과정	▸ 활동소개 하기 　T: 우리 지난 시간에 "어떡하지?"동화를 살펴보았던 것 기억나니? 　T: 그림책 속의 조처럼 친구들도 두렵거나 무서웠던 경험이 있었지. 　T: 오늘은 친구들이 좋아하는 것을 했을 때와 싫어하는 것을 했을 때의 표정을 그림으로 표현해 보는 활동을 해 볼 거예요.
	▸ 좋아하는 것을 했을 때와 싫어하는 것을 했을 때 표정을 그림으로 표현하기 　T: 친구들은 꼭 해야 하는 것들 중에서 하기 싫었던 것도 있니? 　T: 어떤 것들이 있니? 　T: 싫었던 것을 할 수 밖에 없을 때 기분은 어땠니? 　T: 그래서 친구들은 어떻게 하였니? 　T: 좋아하는 것을 했을 때와 싫어하는 것(참아야 하는 것)을 했을 때의 표정을 활동지에 그림으로 표현하고 어떤 경험들이 있는지 이야기를 해 보도록 하자. ▸ 갈등상황에 대한 본인만의 해결책 제안하기 　T: 좋아하는 것을 했을 때와 싫어하는 것(참아야 하는 상황)에서 어떤 기분이었는지 친구들과 공유해 보자. 　T: 하기 싫은 것 또는 참아야하는 것이 생길 때 친구들은 어떻게 했니? 　T: 그런 상황이 생기면 어떻게 하면 좋을까?
	▸ 마무리하기 　• 활동과정에서 서로 느낀 점에 대해 이야기를 나눈다. 　T: 자신의 감정을 그림으로 표현해보니 어땠니? 　T: 친구들의 이야기를 들어보니 어땠니? 　T: 하기 싫은 것 또는 참아야 하는 것에 대해 이야기 해보니 어땠니?
4단계	"어떡하지?" 가정 연계활동
활동자료	회복탄력성 카드, 그림자료
	활동방법
활동과정	▸ 가족 구성원이 두려워하는(걱정하는) 것 그림으로 표상하기 　• 유아와 부모가 각자 두려워하는 것이 무엇인지 자유롭게 이야기하고 그림으로 표상하기 　　- 00이는 요즘 걱정되는거나 두려운 것이 있니?

– 어떤 것이 두렵니(걱정되니)?

– 엄마는 000이 걱정되고 두렵단다. 그 이유는 ~이야.

– 아빠는 000이 걱정되고 두렵단다. 그 이유는 ~이야.

– 우리 함께 그림으로 그려보자.

• 어떻게 하면 두려움을 이겨낼 수 있을지 함께 그림으로 표현한 것을 보며 이야기한다.

– 00이는 어떻게 하면 두려움을 이겨낼 수 있을 것 같니?

– 엄마는 0000을 해서 이겨낼 거야.

– 00아, 00이는 0000 해보는 게 어떻겠니?

– 우리 00이는 잘 해결할 수 있을 거야. 우리 00이를 믿어

▸ 회복탄력성 카드 쓰기

• 유아와 가정에서 생활하는 일주일 동안 회복탄력성과 관련된 요인(자기조절, 자아효능, 공감적 태도, 긍정정서, 문제해결)에 대한 행동을 했을 때 해당하는 요인에 동그라미 표시를 하고, 구체적으로 어떤 행동을 했는지 기록한다.

• 기록한 카드는 다음 월요일에 유치원으로 보내어 자료를 공유할 수 있도록 한다.

CHAPTER

10

아동·청소년 회복탄력성 프로그램

01

다문화 가정 아동 회복탄력성
증진 프로그램3)

가. 프로그램 구성 체계

다문화 가정 아동의 회복탄력성은 학교생활적응에 긍정적인 영향을 끼치고 있다. 그러므로 다문화 가정 아동의 회복탄력성 증진 프로그램의 구성은 그 교육적 의미가 충분히 확보된다고 할 수 있다. 프로그램의 구성 체계를 <표 10-1>과 같이 정리할 수 있다.

<표 10-1> 다문화 가정 아동 회복탄력성 증진 프로그램 구성 체계

프로그램 목적 및 목표	• 상대방과 나의 공통점을 이해하기 • 꿈을 구체화하여 소중함을 느낀다. • 나의 존재로서의 소중함을 알고 자신감 가지기 • 타인을 사랑하는 마음 갖기	
프로그램 내용	• 감정 빙고놀이 • 내 마음속 상처 떠올리기 • 미래 자신에게 보내는 편지 쓰기	• 나 전달법 듣고 감정 느끼기 • 친구와 서로 꿈 공유하기
정 리	• 활동중심 수업 • 매 차시 40분 수업으로 구성 • 수업 구성안: 도입(이완 활동으로 사전검사 실시)–전개(구조와 활동으로 구성)–정리(소감 나누기 및 마무리)	

---

3) 이병근(2019). 회복탄력성 증진프로그램이 다문화가정 아동의 학교생활적응에 미치는 영향. 석사학위논문. 서울대학교 교육대학원.

나. 프로그램 내용

다문화 가정 아동의 회복탄력성 증진 프로그램의 내용은 총 10회기로 구성되었으며 프로그램 구성내용을 회기별로 <표 10-2>와 같이 정리할 수 있다.

<표 10-2> 다문화 가정 아동의 회복탄력성 증진 회기별 프로그램

회기	프로그램 주제	활동목표	활동내용	회복탄력성요인	학교생활 적응요인
1	만나서 반가워요	• 프로그램 목적안내 • 지켜야 할 규칙을 알기 • 신뢰감과 친밀감 형성하기	1) 프로그램 소개 2) 지켜야 할 약속 정하기 3) 아이스브레이킹 & 자기소개하기 4) 별칭 만들어서 자기소개	대인관계 능력	교사와의 관계 또래와의 관계
2	감정을 알아 보아요	• 나의 감정알기 • 감정표현을 통해 편안한 마음 가지기	1) 영화 인사이드 아웃 감상 2) 감정빙고놀이 3) 감정 주사위로 감정을 느끼는 상황 알아보기	대인관계 능력	교사와의 관계 또래와의 관계
3	너와 나 마음을 나누기	• 효과적인 대화방법 알기 • 실제상황에서 연습해보기	1) 나 전달법 알아보기 2) 나 전달법 듣고 감정 느끼기 3) 실제 상황에서 나 전달법 연습 해보기	대인관계 능력	교사와의 관계 또래와의 관계
4	나에게는 이런 상처가	• 상처가 남아 있는 마음을 글로 표현하기 • 상대방의 입장 이해하기	1) 내 마음 상처 떠올리기 2) 항의편지 쓰기 3) 실제 상황에서 나 전달법 연습해보기	대인관계 능력	교사와의 관계 또래와의 관계
5	우리 모두 소중해(1)	• 자신을 사랑하는 마음 갖기 • 자신에 대한 칭찬을 듣고 긍정적인 자아상 갖기	1) '너는 특별하다' 영화 감상을 통해 자기애 형성하기	긍정성	학교 만족감
6	우리 모두 소중해(2)	• 타인을 사랑하는 마음 갖기 • 타인에 대한 칭찬을 찾고 스스로 긍정적인 자아 갖기	1) '모두 다 꽃이야' 노래 부르고 가사 바꾸기 2) 나는야 칭찬 명사수	긍정성	학교 만족감

회기	프로그램 주제	활동목표	활동내용	회복탄력 성요인	학교생활 적응요인
7	행복하고 희망찬 우리	• 꿈의 중요성 알기 • 꿈의 소중함 느끼기	1) 존 고다드의 이야기를 듣고 꿈의 소중함을 이해하기 2) 나만의 꿈 생각하기 3) 친구와 서로의 꿈 공유하기	긍정성	학교 만족감
8	생각과 마음	• 사고가 감정을 만든 다는 점을 깨닫고 사고의 전환을 통해 감정 통제하기	1) 긍정적인 친구와 부정적인 친구 비교하기, 자기 반성하기	자기조절 능력	학업태도 및 규칙준수
9	잠깐만! 잠깐만!	• 마음을 멈추고 차분 하게 생각하는 방법 배우기 • 실제 상황에서 생각 멈추기 연습해보기	1) 흥분한 생각과 침착한 생각 을 구분하기 2) 상황을 침착하게 생각하는 방법 익히기 3) 생활에서 역할극 연습하기	자기조절 능력	학업태도 및 규칙준수
10	우리에게 이런 변화가	• 프로그램 참여를 통 해 변화된 자신의 모 습을 뒤돌아보고 미 래의 자신의 생활에 대한 다짐을 여러 사람 앞에서 공연해 보기	• 프로그램을 마치며 집단원들 과 돌림편지 쓰고 읽어보기(활 동 후 소감) • 미래 자신에게 보내는 편지 쓰기	자기조절 능력	학업태도 및 규칙준수

다. 프로그램 예시

다문화 가정 아동의 회복탄력성 증진 프로그램의 활동절차는 도입, 본 활동, 정리로 구성되었으며 <표 10-3>과 같이 정리할 수 있다.

<표 10-3> 다문화 가정 아동의 회복탄력성 증진 프로그램 예시

3회기: 너와 나 마음 나누기			
주제	너와 나 마음 나누기	회기	1회기 (40분)
활동목표	• 효과적인 대화 방법 알기 • 적절한 대화 방법 연습해보기		

준비자료	필기도구, 활동지		
활동절차	활동내용	시간	준비물
도입	◎ 지난 시간 떠올리기 • 지난시간에 어떤 활동을 했는지 떠올리기 ◎ 활동 목표 알아보기 • 효과적인 대화 방법 알기 • 적절한 대화 방법 연습해보기	5′	
본 활동	◎ 활동 1: 효과적인 대화 방법 알기 • 교사의 시연으로 나 전달법 들어보기 • 나 전달법 익히기 • 나 전달법과 너 전달법의 장단점 이야기하기 • 평소 사용하는 문장을 나 전달법으로 바꾸어보기	13′	나 전달법 활동지

	◎ 활동 2: 생활에서 바꾸어보기
	• 다양한 상황이 담긴 쪽지를 뽑기
	• 뽑은 쪽지의 상황을 읽고 올바른 나 전달법으로 연습해보기
	• 예) "절대 패스 안 하니까 너하곤 축구하기 싫다"
	  → 축구할 때 패스를 안 하니까 나도 같이 뛰고 있는데 좀 답답해. 다음에는 서로 패스하고 같이 하자.
	• 예) "맨날 늦지 넌? 너랑은 약속을 안 해야겠다."
	  → 아침에 나와서 기다려도 안 오니까 솔직히 짜증도 나고 그러더라고, 다음에는 메시지라도 미리 보내주면 좋을 것 같아.
		15′	활동지

정리	◎ 소감 나누기 및 마무리 • 활동의 좋은 점, 힘들었던 점 • 새로이 알게 된 점 쓰기 • 다음 시간에 활동할 내용 알기	7′	소감문 활동지

02

인지행동 상담 중심
회복탄력성 프로그램4)

가. 프로그램 구성 체계

인지행동 상담 프로그램은 아동의 회복탄력성 향상을 목적으로 하였다. 따라서 회복탄력성의 각 구성요인의 향상을 위한 인지행동적 접근이 이루어졌다. 프로그램의 구성을 위하여 '적응유연성 증진 집단상담 프로그램으로 구성 체계를 <표 10-4>와 같이 정리할 수 있다.

<표 10-4> 인지행동 상담 중심 회복탄력성 프로그램 구성 체계

프로그램 목적 및 목표	• 인지행동 상담 프로그램의 목적을 알고, 신뢰감을 형성한다. • 문제 상황에서 합리적으로 의사결정을 할 수 있다. • 의사소통 과정에서 반연구적으로 경청한다.	
프로그램 내용	• 친밀감 형성하기 • 성공한 사람 이야기 알아보기 • 멈춰서서 생각하기 • 프로그램 소감문 작성하기 • 지금까지의 활동을 정리하며 변화된 나의 모습을 느끼기	• 성공적 경험 찾기 • 침착한 생각 연습하기 • 유혹을 이겨내는 방법 알아보기
프로그램 방법	• 1주일에 2회 수업 • 동영상을 시청하고 이야기 나누기 • 도입(5분)-활동1(13분)-활동2(17분)-정리(5분)	• 회기별 40분 수업 • 활동지에 프로그램 소감 작성하기

---

4) 이아라(2013). 환경의 위험수준에 따른 인지행동 상담프로그램이 회복탄력성에 미치는 효과. 석사학위논문. 서울교육대학교.

나. 프로그램 내용

회복탄력성 향상을 위한 인지행동 상담 중심 회복탄력성 프로그램은 학교현
장에서의 활용이 용이하도록 집단 단위로 실시하였으며, 한 회기당 40분을 기준
으로 하였고 총 11회기로 구성되어 있으며 <표 10-5>와 같이 정리할 수 있다.

<표 10-5> 인지행동 상담 중심 회복탄력성 프로그램 내용

회기	관련요인	제목	활동목표	활동내용	시간
1	도입	마음의 근육을 위한 준비운동	인지행동 상담 프로그램의 목적을 알고, 신뢰감 형성하기	• 인지행동 상담 프로그램 이해하기 • 친밀감 형성하기 • 약속 다짐하기	40분
2.	자기 효능감	자랑스러운 나	성공 경험을 떠올려보며 자신의 능력에 대한 믿음 갖기	• 다중지능검사 • 성공경험 찾기 • 나를 광고하기	
3	공감 능력	친구야, 네 마음 이해해	감정의 종류를 알기	• 감정의 종류를 알아보기 • 감정사전 만들기	40분
4	공감 능력	내 마음이 들리니?	의사소통 과정에서 반영적으로 경청하기	• 공감 골든벨	40분
5	낙관성	괜찮아, 잘 될 거야!	부정적인 상황이 일시적임을 알고, 낙관적인 태도 갖기	• 성공한 사람의 이야기 알아보기 • 성공한 인물들과의 가상 인터뷰 발표	40분
6	낙관성	내 안의 투덜이 스머프, 이제 안녕!	부정적인 상황에서 합리적이고 긍정적으로 사고하기	• 낙관적인 사람과 비관적인 사람 비교하기 • 부정적 사고를 낙관적 사고로 바꾸어보기	40분
7	감정 조절력	내 마음속의 신호등	흥분된 상황에서 침착하게 생각하여 감정조절하기	• 침착한 생각 연습하기 • 멈춰서서 생각하기	40분
8	충동 통제력	나의 마시멜로 이야기	목표달성을 위해 충동을 통제하는 방법을 알고 실천하기	• 문제 상황에서 원인을 파악하는 연습하기	40분
10	적극적 도전성	문제 있어도 문제 없어!	문제 상황에서 합리적으로 의사결정하기	• 합리적 의사결정의 방해요소 찾기	40분

회기	관련요인	제목	활동목표	활동내용	시간
				• 문제해결 의지 다지기 • 문제해결과정 연습하기	
11	정리	새로운 나!	지금까지의 활동을 정리하며 변화된 나의 모습 느끼기	• 프로그램 소감문 작성하기 • 새로운 자신의 모습 나누기 • 프로그램 마무리하기 및 실천 다짐하기	40분

다. 프로그램 예시

회복탄력성 향상을 위한 인지행동 상담 중심 회복탄력성 프로그램 활동 절차는 도입, 활동1, 활동2, 정리로 구성되었으며 <표 10-6>과 같이 정리할 수 있다.

<표 10-6> 인지행동 상담 중심 회복탄력성 프로그램 예시

5회기 괜찮아, 잘 될거야!		
활동목표	부정적인 상황이 일시적임을 알고, 낙관적인 태도를 가질 수 있다.	
준비자료	교사: 스티브 잡스 연설 동영상, 활동지	
활동절차 (시간)	활동내용	준비물 및 유의점
도입 (5분)	◎ 가위 바위 보를 하며 다리 벌리기 • 두 명이 왼발과 오른발을 마주 붙인 상태에서 가위 바위 보를 시작한다. • 이긴 사람은 앞쪽의 발을 뒤쪽의 발 뒤로 이동시킨다. 진 사람은 상대방의 발까지 다리를 벌린다. • 게임을 통해 알 수 있는 점: 가위 바위 보의 결과에 따라 한 순간에 상황이 좋았다가도 나빠질 수 있으며, 나빴던 상황도 좋아질 수 있다.	게임과는 달리, 삶에서는 가위 바위 보와 같은 운보다는 노력 여하에 따라 달라질 수 있다는 점을 명확히 한다.
활동 1 (13분)	◎ 스티브 잡스의 동영상 시청하기 • 스티브 잡스의 연설을 담은 동영상을 시청한다. • 스티브 잡스는 어떤 어려움을 겪었는지 이야기를 나누어 본다. 　- 생활고에 시달림 　- 자신이 세운 회사에서 해고당함	스티브 잡스의 연설 동영상

	• 내가 알고 있는 사람들 중에 이와 같은 어려움을 딛고 성공한 사람이 있는지 생각해보고 이야기 한다.	
활동 2 (17분)	◎ 스티브 잡스와 가상 인터뷰 • 시청한 영상을 바탕으로 스티브 잡스와의 가상 인터뷰를 작성하여 발표해 본다. • 인터뷰를 통해 알 수 있는 점: 성공한 사람은 성공을 이루기까지 실패와 고난의 시간도 겪었으며 이를 적극적으로 극복하였음을 알 수 있다. • 극복의 원동력: 낙관적인 사고	활동지
정리 (5분)	◎ 정리 및 느낀 점 나누기 • 한 회기의 활동을 마치며 알게 된 점과 느낀 점, 앞으로의 다짐을 소감문으로 간단히 작성하고 발표한다.	소감문

03

창의 · 인성 미술활동 중심
회복탄력성 프로그램[5]

가. 프로그램 구성 체계

아동 창의 · 인성 미술활동 중심 회복탄력성 프로그램은 2009개정 미술과 교육과정을 바탕으로 체험, 표현, 감상활동들로 내용상의 관찰력 · 상상력 · 민감성의 행동요소와 특징, 미술에 대한 이해로서 미술사, 종합적인 미적 판단으로서 미술비평을 균형 있게 수업하도록 구성한 프로그램으로 <표 10-7>과 같이 정리할 수 있다.

<표 10-7> 창의 · 인성미술 활동 중심 회복탄력성 프로그램 구성 체계

목적 및 목표	• 학생들이 스스로 사고하고 알아가며, 자신이 추구하는 삶을 살아가기 위해 주변 인들과 예술적으로 관계 맺고 창조적이고 주도적인 학습자로 변화하도록 견고 한 네트워크를 형성하는 것이다. • 창의 · 인성 미술교육 현장에서 창의성 경험과 발휘 등을 기대함과 동시에 정서 적 안정 및 인성 교육적 효과로 자아탄력성을 증진시키기 위함이다.
프로그램 내용	• 감상 자료에 의한 관찰 • 관찰 후 대화에 의한 분석 및 질문 • 수업 설명 재료 사용법, 표현기법 시범 보이기
프로그램 방법	• 1회 수업을 2차시로 묶어 80분 수업 • 단원의 체험과 표현 감상의 영역은 자료-대화-설명-생각-표현-창작-발표-토 론의 과정

---

5) 왕연주(2013). 창의 · 인성미술 교육이 아동의 자아탄력성에 미치는 영향에 관한 연구. 석사
학위논문. 홍익대학교 미술대학원.

나. 프로그램 내용

회복탄력성에 영향을 미치는 창의·인성 미술활동 중심 회복탄력성 프로그램 내용은 총 12회기로 구성되었으며 <표 10-8>과 같이 정리할 수 있다.

<표 10-8> 창의·인성 미술활동 중심 회복탄력성 프로그램 내용

회기	프로그램 대단원	프로그램 소단원	창의·인성 (주)요소	교육방법	감상	비고
1	형광색	형광색으로 놀아보자	다양성 감수성 시각화능력소유, 배려	창의적 사고기법 (시네스틱스) 실습	• 색면 추상회화 작품 감상(로드코, 칸딘스키,폴록,니콜슨) • 이템 색상환표	토의 / 토론

한색, 난색의 구분과 10상환을 기본으로 포스터, 마블링물감, 수채화로 그라데이션 등 여러 기법을 통해 감정을 표현하는 나만의 색종이를 만들어 오려가며 표현한다.(개별수업)

회기	프로그램 대단원	프로그램 소단원	창의·인성 (주)요소	교육방법	감상	비고
2	경험	나의경험	시각화	창의적	• 동·서양	토의 /
	표현	수채화로	능력, 독창성 감수성 정직	사고기법 (스캠프) 프로젝트 수업	• 유화작품 감상 (양달석-나물캐는 소녀/르누아르-피아노치는소녀)	토론

자신의 경험이야기를 친구들과 함께 어울려 이야기 할 수 있다. 함께 비교해 보고, 상황을 이야기 할 수 있다.(개별수업)

회기	프로그램 대단원	프로그램 소단원	창의·인성 (주)요소	교육방법	감상	비고
3	시각 문화 환경과 미술(소통)	캐릭터는 내 친구	유추·은유적 사고/독창성 문제발견 문제해결 정직/책임	창의적 사고기법 (마인드맵)프로젝트수업	• 팝아트 작품감상 (이동기, 앤디워홀, 권기수,줄리앙오피) • 공공미술작품	토의 / 토론

다양한 팝아트 작가들의 대중적 이미지를 소개화 한 작품을 감상하고 나만의 캐릭터를 창작하거나 기존의 캐릭터를 조합하여 나만의 캐릭터를 만들고 캐릭터의 성격(장점, 단점) 등을 설명한다.(개별수업)

회기	프로그램 대단원	프로그램 소단원	창의·인성 (주)요소	교육방법	감상	비고
4	상상표현	상상의 세계로	확산적 사고 상상력 시각화 능력책임 독창성	탐구/발견 창의적 사고기법 (스캠퍼) 프로젝트	• 초현실주의 감상 (달리-바닷가재. 전화기/샤갈-에펠탑의 부부/마그리트)	토의 / 토론

회기	프로그램 대단원	프로그램 소단원	창의 · 인성 (주)요소	교육방법	감상	비고
				수업	• 미래건축 · 환경 이미지	

상상의 세계를 표현한 작품을 감상하고, 자신이 가지고 있는 물건에 상상을 더하거나 미래사회를 상상하며 친환경적으로 표현하여 친구들과 함께 어울려 이야기할 수 있다.(개별수업)

회기	프로그램 대단원	프로그램 소단원	창의 · 인성 (주)요소	교육방법	감상	비고
5	자연환경과 미술(지각)	자연에서 느껴보자!	확산적 사고 호기심, 다양성, 독창성, 배려/ 책임, 약속	탐구/발견 창의적 사고기법 (속성열거) 협동학습 프로젝트 수업, 실습	• 대지미술 감상 (골즈워디-나뭇 잎, 강, 돌) • 안야르튀스 배르 트랑: 우리나라 항 공사진	토의 / 토론

야외로 나가서 자신이 보는 자연의 느낌들을 조형요소와 원리를 적용하여 구도를 잡아 사진으로 찍고 서로의 사진을 조합해서 자연소재를 가지고 다양하게 표현할 수 있다.(집단수업)

회기	프로그램 대단원	프로그램 소단원	창의 · 인성 (주)요소	교육방법	감상	비고
6	관찰표현	얼굴을 이리저리 보고	유추 · 은유적 사고/개방성, 호기심, 흥미, 몰입, 다양성, 감수성, 정직, 용서, 배려	창의적 사고기법, 협동학습, 역할놀이	• 드로잉 작품 감상 (에곤쉴레, 드가, 렘브란트 자화상) • 사진의 캐리커처 이미지	토의 / 토론

친구들의 얼굴을 서로 관찰한 뒤 얼굴에 쓴 천을 이용하여 촉각만으로 목탄 드로잉을 한다.(2인 1조수업)

회기	프로그램 대단원	프로그램 소단원	창의 · 인성 (주)요소	교육방법	감상	비고
7	영상표현	움직이는 그림	확산적 사고, 감수성 유추 은유적 사고, 독창성, 다양성, 개방성, 즐거움, 몰입, 호기심, 흥미, 책임	탐구/발견 협동학습 창의적 사고기법 프로젝트수업	• 발라-끈에 매인 개 • 라일리-흐름. • 애니메이션, 뮤직 비디오 감상	토의 / 토론

애니메이션이 만들어지는 과정을 알고 서로 협력하여 이야기를 재구성하고 각자 역할에 맞는 장면을 만들어 움직이는 그림을 표현한다.(집단수업)

회기	프로그램 대단원	프로그램 소단원	창의 · 인성 (주)요소	교육방법	감상	비고
8	디자인과 생활+과학 (융합수업)	무늬를 꾸며 봐요	확산적사고, 시각화능력, 유추 · 은유적사고/독	창의적 사고기법 (시네틱스) 프로젝트수업	• 브루노 무나리 작 품감상	토의 / 토론

회기	프로그램 대단원	프로그램 소단원	창의·인성 (주)요소	교육방법	감상	비고
			창성 몰입	탐구/발견		

다양한 재료와, 야채와 채소를 가지고 빛의 원리에 의한 개념을 통해 빛을 비추어 그림자의 특징을 잘 살려 무늬를 꾸며본다.(개별수업)

| 9 | 수묵화 | 수묵화 체험하기 | 책임, 확산적사고, 다양성, 개방성, 호기심, 독창성 | 창의적 사고기법 (시네틱스) 프로젝트 수업 | • 조선후기 작가 작품감상(신사임당, 정선, 김홍도 외)
• 이이남의 미디어 작품감상 | 토의 / 토론 |

감상 작품이나 전래동화 이야기를 수묵화로 표현하여 동서양의 차이를 생각하며 평면과 입체로 표현하여 본다.(개별수업)

| 10 | 시각문화환경(소통)/디자인과 생활 | 도시공간과 건축 | 책임 다양성 개방성 호기심, 흥미 | 창의적 사고기법 협동학습 프로젝트수업 | • 우리동네 지도, 구글맵, 사진감상 | 토의 / 토론 |

우리가 사는 동네의 도로와 픽토그램을 만들어 본다.(집단수업)

| 11 | 시각문화 환경 (소통)+ 사회·지리 (융합수업) | 문화유산 체험하기 | 소유, 책임, 다양성, 개방성, 배려, 소유, 약속 | 조사 창의적 사고기법 협동학습 | • 유네스코 문화유산 감상,
• 세계지도 감상 | 토의 / 토론 |

세계의 지도를 통해 문화유산들을 살펴보고 우리나라, 우리 주변에 문화유산을 찾고 세계 문화유산 지도를 소그룹으로 제작한다.(집단수업)

| 12 | 관찰표현+ 우리미술 문화(미술 비평)+ 환경 (융합수업) | 새로운 눈으로 전통미술과 친해지자 | 시각화능력, 독창성, 다양성, 개방성, 흥미, 약속/배려 | 창의적 사고기법 (브레인스토밍) 프로젝트 수업 협동학습 | • 남극의 눈물 영상
• 전통무늬 감상 단청, 보자기·닥종이 등 감상 | 토의 / 토론 |

멸종되는 동물들을 살펴보고 남극의 모습에서 우리가 환경을 보호하는 마음에서 대안을 그려본다. 이후 그 대안적 방법으로 우드락을 서로 연결해서 전체의 거대한 나무를 만들고 한지로 나무의 음영과 느낌을 사려 붙이고 표현하며, 나무에 어울릴 소재들을 만들어 함께 어울려 사는 모습의 큰 나무를 만든다.(개별, 집단수업)

다. 프로그램 예시

회복탄력성에 영향을 미치는 아동 창의·인성 미술중심 회복탄력성 프로그램의 수업단계는 감상, 기법이해, 수업실행, 정리단계로 구성되었으며 <표 10-9>와 같이 정리할 수 있다.

<표 10-9> 창의·인성 미술중심 회복탄력성 프로그램 예시

5차시	학습주제		"자연에서 느껴보자"
대상	초등학교 미술교과-체험, 표현, 감상	활동형태	전체, 개인
학습목표	• 자연물을 관찰하여 그 소재로 인공적인 것을 표현하면서 호기심과 흥미를 가진다. • 자연이 하나의 작품으로 승화될 수 있는 확산적 사고를 가진다. • 자연에 나가 선, 형, 질감의 조화, 변화 균형, 대비의 다양성을 체험하며 독창적으로 표현한다.		
단계	수업내용		
수업준비	수업의 목표를 설명하고 유의사항을 전달한다.		
감상 10분	• 작품을 감상한 후 대지미술의 감상에 대한 발표를 한다.		
기법이해 10분	• 안야르튀스 배르트랑의 하늘에서 본 우리나라 자연의 항공사진을 보고 발견되는 조형의 요소와 원리를 찾아본다.		
수업실행 60분	• 보조교사는 야외공원에서 학생들의 영역에 대한 구역을 정해주고 행동에 주의 관찰 지도한다. • 교사는 조형요소와 원리를 이용하여 학생이 가져온 휴대폰이나 디카를 이용하여 구도를 잡아 표현하는 방법이 있음을 알려주며, 시범을 보인다. • 작품에는 재료와 경험, 감정을 표현할 수 있는 것임을 알려주고 내가 야외에서 느끼는 감정이나 생각을 자연속의 조형요소와 원리를 이용하여 표현하여 볼 것을 제안한다. 교사는 자신이 생각과 표현 의미를 이야기한다. • 보조교사와 교사는 학생들을 수업실로 이동하여 각자 찍은 사진을 가지고 소집단이 조합하여 하나의 자연물을 표현할 것을 제시하며, 재료는 함께 나누어 쓰고 기다리고 각자의 역할에 충실히 하여 어울리는 표현을 할 것을 알려준다. • 보조교사는 학생의 재료를 원활히 쓸 수 있도록 배치하는 것을 도와준다. • 각자 조합한 이미지를 스케치하여 형태들을 조합하여 붙이고 자유롭게 구성한다.		
정리	수업실 안 모두 참여해서 정리한다.		

04

자연친화 중심 회복탄력성
프로그램6)

가. 프로그램 구성 체계

초등학생의 회복탄력성 향상을 위한 자연친화 중심 회복탄력성 프로그램 구성 체계는 <표 10-10>과 같이 정리할 수 있다.

<표 10-10> 자연친화 중심 회복탄력성 프로그램 구성 체계

프로그램 목적 및 목표	아동의 정서지능 및 회복탄력성 향상을 위해 프로그램이 특정교과가 아닌 다양한 교과와 연계하여 자연친화 통합교육 프로그램으로 회기별 활동들이 자연과 가까이 만날 수 있는 체험중심의 활동이면서 연계성이 있고, 단순 놀이로만 끝나지 않도록 하는 것이 목적이다.
프로그램 내용	• 숲과 만나기 • 나무에서 나의 장점 찾기 • 가을 숲의 정취를 느끼며, 친구관계를 되돌아본다. • 자연속의 나 • 내 나무에 나의 소망을 담아본다.
프로그램 방법	• 1회기에 2시간 실시 • 주당 2시간 실시
프로그램 평가	• 친구에게 가졌던 부정적인 정서가 긍정적으로 변화하였다. • 긍정적인 정서를 유지하기 위해 노력하면서 정서조절 능력이 향상된다.

---

6) 오선형(2017). 초등학생의 정서지능과 회복탄력성 향상을 위한 자연친화 통합교육 프로그램 개발 및 효과성 검정. 석사학위논문. 서울대학교 교육전문대학원.

나. 프로그램 내용

초등학생의 회복탄력성 향상을 위한 자연친화 중심 회복탄력성 프로그램의 내용은 7회기로 구성되었으며 회기별 프로그램의 내용을 <표 10-11>과 같이 정리할 수 있다.

<표 10-11> 자연친화 중심 회복탄력성 회기별 프로그램

회기	활동목표	활동내용	정서지능, 회복탄력성 요소	관련 교과
① 숲을 느껴보자	• 자신의 정서를 이해하고 내 나무에 긍정적인 애칭을 붙여준다. • 정서를 표현할 수 있는 기초능력을 기른다.	• 숲과 만나기 • 긍정적인 애칭 짓기 • 아이 엠 그라운드 게임	• 정서인식 및 표현 • 긍정성	• 도덕[2] 감정, 내안의 소중한 친구 • 과학[1] 날씨와 우리 생활
② 숲속에서 나와 만나기	• 나무의 장점을 찾아 나의 장점과 결합해 본다. • 나무가 되어 나무의 하루를 생각하며 감정이입 능력을 기른다.	• 나무에서 나의 장점 찾기 • 나무가 되어 • 오늘, 나는 어땠었지?	• 감정 이입 • 긍정성	• 국어[7] 인물의 삶속으로
③ 렌즈 속 가을	• 자연속에서 나를 뒤돌아보며, 어떠한 환경에도 꿋꿋하게 살아가는 나무처럼 긍정적인 미래를 생각해 본다 • 자연의 아름다움을 다양한 방법으로 사진에 담아봄으로써 창의성과 협동심을 기른다.	• 자연속의 나 • 찰칵, 재미있는 순간	• 사고촉진 • 통제성	• 미술[5] 자연 속으로 풍덩! • 미술[8] 렌즈로 보는 세상
④ 가을을 품은 산	• 융통성 있게 발표 계획을 수립하고, 창의적으로 과제를 수립한다. • 친구들과 협력하여 자료를 제작하고 발표한다.	• 발표 계획 구상하기 • 창의적인 발표 자료 만들기 • 발표 및 평가	• 정서활용 • 사회성	• 실과[6] 생활과 정보 • 국어[5] 매체로 의사소통 해요

회기	활동목표	활동내용	정서지능, 회복탄력성 요소	관련 교과
⑤ 낙엽은 사랑을 싣고	• 가을 숲의 정취를 느끼며, 친구관계를 되돌아본다 • 낙엽편지쓰기를 통해 좋은 인간관계를 맺으며 행복감을 느낀다.	• 나의 인간관계를 되돌아보기 • 낙엽편지 만들기 • 낙엽편지 전달하기	• 정서조절 • 사회성	• 국어[6] 말의 영향 • 과학[1] 날씨와 우리 생활
⑥ 바람과 함께 사라지다	• 숲속 산책을 하며 나를 힘들게 하는 일을 잊고 긍정적인 마음을 갖는다.	• 바람과 함께 날려버리고 싶은 것 • 나의 자성 예언문	• 정서조절 • 긍정성	• 도덕[1] 아름다운 사람이 되는 길 • 창의적 체험 활동(진로): 자긍심 키우기
⑦ 숲속 희망 놀이터	• 내 나무에 나의 소망을 담아본다. • 자연 속에서 다양한 놀이를 통해 원만한 대인관계를 형성한다.	• 소망리본 달기 • 숲속 놀이터	• 정서활용 • 사회성	• 도덕[8] 우리 모두를 위하여 • 음악[2] 생활과 자연의 소리 • 체육[2] 도전활동

다. 프로그램 예시

초등학생의 회복탄력성 향상을 위한 자연친화 중심 회복탄력성 프로그램의 활동 과정은 도입, 전개, 마무리로 구성되었으며 <표 10-12>와 같이 정리할 수 있다.

<표 10-12> 자연친화 중심 회복탄력성 프로그램 예시

활동명	1회기: 숲을 느껴보자		
목표	자신의 정서를 이해하고 내 나무에 긍정적인 애칭을 붙여준다.		
정서지능 하위요인	정서인식 및 표현	회복탄력성 하위요인	긍정성
장소	봉제산		
준비물	명찰, 싸인펜, 돗자리, 거울, 소감문		

교과내용 연계	도덕 [2] 감정, 내 안의 소중한 친구: 내면의 소리에 귀를 기울여요. 과학 [1] 날씨와 우리 생활: 우리나라의 계절별 날씨 알아보기
활동과정	내용

도입 (10분)	• 마음열기
	  - 서로 마음의 문을 열 수 있도록 5분 동안 명상을 실시한다.
	
	• 프로그램 알기
	  - 프로그램의 목적, 진행방법, 유의사항을 안내한다.

전개 (60)	• 숲과 만나기
	  - '숲 속에 가면~이 있고' 게임을 하며 숲에 대한 관심을 가진다.
	  - 눈 감고 숲속에 누워 가을을 품은 숲을 오감으로 느껴본다.
	  - 거울에 비친 숲속과 하늘을 바라본다.
	  - 시간이 흐를수록 숲의 모습이 어떻게 바뀔지 상상해 본다.
	
	• 긍정적인 애칭 짓기
	  - 자신과 동일시하는 나무를 정하고 긍정적인 정서를 담은 애칭을 지어본다.
	  - 긍정적인 애칭을 명찰에 적고, 앞으로 숲 체험 시 서로 애칭을 불러준다.
	  - 애칭에 담긴 의미를 친구들과 공유한다.

마무리	• 느낌 및 소감문 쓰기
	  - 프로그램 참여 소감과 앞으로 프로그램을 통해 얻고 싶은 것을 적어본다.
	  - 느낌 및 소감문을 공유한다.

05

성격강점 중심 회복탄력성 프로그램7)

가. 프로그램 구성 체계

초등학생의 회복탄력성 증진을 위한 성격강점 중심 회복탄력성 프로그램의 구성 체계를 <표 10-13>과 같이 정리할 수 있다.

<표 10-13> 성격강점 중심 회복탄력성 프로그램 구성 체계

프로그램 목적 및 목표	초등학생의 회복탄력성을 증진시키기 위해 자신의 대표 강점을 알아 그것을 일상생활에서 활용하여 회복탄력성의 개인내적 요인인 통제성, 긍정성, 사회성을 향상시키는 것이다.
프로그램 내용	• 프로그램 소개하기 • 나의 장점과 단점을 찾아 적기 • 일주일동안 꼭 달성하고 싶은 목표 세우기 • 감사하는 삶에 관한 동영상 시청하기 • '엄마 사랑해' 영상보기 • 가족 장점 찾기
프로그램 방법	• 회기별 40분 수업 • 목표정하고 실천하기 • 일주일 동안 이루고 싶은 목표 적어보기
프로그램 평가	프로그램의 적용으로 학생들은 자신의 성격강점을 인식하고 자신의 강점을 활용하는 방법을 익히고 일상생활에서 자신의 대표강점 및 회복탄력성과 관련된 성격

---

7) 정윤지(2019). 성격 강점기반 집단상담 프로그램이 초등학생의 회복탄력성에 미치는 효과. 석사학위논문. 경성대학교 교육대학원.

강점을 활용할 수 있는 방법을 실천함으로써 학교생활에서 어려움을 만났을 때 잘 극복해 나갈 수 있다.

나. 프로그램 내용

초등학생의 회복탄력성 증진을 위한 성격강점 중심 회복탄력성 프로그램의 구성 내용은 총 10회기로 구성되어 있으며 <표 10-14>와 같이 정리할 수 있다.

<표 10-14> 성격강점 중심 회복탄력성회기별 프로그램 내용

단계	회기	구성 요소	제목	활동목표	활동내용
도입	1	대표 강점	강점이 뭘까?	프로그램 실시 목적과 24가지 성격강점 알고, 참여의지 높이기	• 프로그램 소개하기 • 24가지 성격강점 알기, 대표강점 추축하기 • 성격강점 텔레게임하기 • 서약서 작성하기 • (과제) 주변 사람들이 찾아준 나의 강점
대표강점 인식하기	2	대표 강점	'나'를 찾아봐요	대표강점을 찾는 과정을 통해 소중한 '나'의 가치 느끼기	• 나의 장점과 단점 찾아적기 • 자신의 대표강점 3~5가지 찾아 나만의 별자리 만들기 • 대표 강점이 드러나도록 별명 짓고 이름표 만들기
대표강점 활용하기	3	대표 강점	똑똑한 '나' 사용법	대표강점을 구체적으로 살펴보며 특별한 '나'의 유능감 느끼기	• 같은 대표강점을 가진 모둠원끼리 모여 마인드맵으로 대표 강점 나타내기 • 대표강점을 활용할 수 있는 방안 정리하고 실천계획 세우기 • (과제) 대표강점 활용 방안 실천하고 일기 쓰기
통제성 기르기	4	끈기	성실하게, 끝까지!	목표를 성실하고 끈기 있게 수행하려는 태도 기르기	• 도미노 쌓기 • 일주일 동안 꼭 달성하고 싶은 목표 세우기 • 목표 행동 달성 전략 짜기 • 또래 행동 계약서 작성하기

단계	회기	구성 요소	제목	활동목표	활동내용
					• (과제) 내가 세운 행동 목표 실천하기
	5	자기 조절	그래, 결심했어!	자신의 행동을 절제하며 자기 조절하는 태도를 기르고 일상생활에서 실천하기	• 〈마시멜로우 이야기〉 듣고 자기 조절이 필요한 경우 알아보기 • 20년 후의 나를 위한 계획 세우기 • (과제) 자기조절 경험 일기 쓰기
긍정성 기르기	6	감사	나에게 주어진 모든 것	감사의 중요성을 알고, 어려운 상황에서도 감사할 줄 아는 태도 기르기	• 감사하는 삶에 관한 동영상 시청하기 • 나의 성격강점 떠올리며 감사 문장 완성하기 • 부정적인 상황속에서 감사 연습하기 • (과제) 감사 일기쓰기
	7	낙관성	아무리 벽이 높아도	역경을 낙관적, 희망적으로 생각해보며 나에게 있는 잠재력 확인하기	• 역경을 이긴 사람들의 이야기 살펴보고 느낌 나누기 • 〈담쟁이〉 시를 함께 읽고 내가 넘어야 할 어려움 찾아보기 • 극복하기 위한 방안 생각하고 실천 세우기
사회성 기르기	8	사회 지능	너에게 관심 있어!	서로 닮고 싶은 동물 소개하고 퀴즈를 맞추면서 친구들과 소통하고 관계 확인하기	• 동물과 강점 연결짓고 자신이 닮고 싶은 동물 찾기 • 친구들과 게임하며 서로 닮고 싶은 동물 소개하기 • 친구들의 퀴즈 맞추기 • (과제) 마니또 뽑고 친구가 어려워하는 일 한 가지씩 도와주기
	9	사랑	사랑해요, 우리!	우리가 사랑하는 소중한 사람들을 떠올려보고, 더욱 친밀해지는 법 익히기	• '엄마 사랑해' 영상보기 • 엄마 닭이 되어 알 품기' 활동하기 • 가족의 장점 찾기 • (과제) 가족의 장점 칭찬하고 소감 일기쓰기
종결	10	프로 그램 마무리	내 안에 숨어있는 커다란 힘	성격 강점을 통해 자신의 잠재력을 확인하고, 앞으로의 학교생활 다짐하기	• 내가 가진 내면의 힘 찾아 써보기 • 칭찬샤워 활동하기 • 프로그램을 마치며 소감 말하기

다. 프로그램 예시

초등학생의 회복탄력성 증진을 위한 성격강점 중심 회복탄력성 프로그램은 도입, 전개, 정리로 구성되었으며 <표 10-15>와 같이 정리할 수 있다.

<표 10-15> 성격강점 중심 회복탄력성 프로그램 예시

4회기	성실하게, 끝까지		
활동목표	목표를 성실하고 끈기 있게 수행하려는 태도를 기른다.		
준비물	끈기 관련 동영상, 도미노 도안, 도미노 관련 동영상, 활동지		
활동과정	활동내용	시간 (분)	준비물

도입	• '끈기' 강점을 가지고 있는 사람의 동영상 보기
	  – 김연아 선수의 어릴 적 점프 연습 동영상 보기
	  – 영상을 보고 느낀 점을 나눈다.
	
	• 활동목표 안내하기
	  여러분은 꼭 이루어내고 싶은 목표가 있나요? 우리가 조금 전 영상에서 본 것처럼, 목표를 이루기 위해서는 어렵고 힘든 일이 있어도 목표를 위해 꾸준히 노력하는 친구들이 되길 바랍니다.
		5′	끈기 관련 동영상

전개	• 도미노 쌓기
	  – 모둠별로 도미노 도안을 제시하여 제한 시간 안에 도미노 쌓기 미션을 제시한다.
	  – 도미노 쌓기 활동을 한 후 어떤 느낌이 들었는지 이야기를 나눈다. (실패했을 때, 성공했을 때의 느낌 이야기하기)
	  – 수많은 실패를 겪는 도미노
	  쌓기 과정이 담긴 영상을 보여주며 목표를 위하여 끝까지 노력하는 것에 대해 이야기해 본다.
		20′	

	• 일주일 동안 꼭 달성하고 싶은 목표세우기
	  – 일주일 동안 꼭 달성하고 싶은 목표를 생각하여 활동지 4-1에 적는다.
	  – 목표를 달성하고 싶은 이유를 생각한다.
	  – 목표가 행동을 '늘리는' 것인지 줄이는 것인지 생각한다.
	  – 목표행동의 성격에 따라 활동지를 선택하도록 한다.
		10′	

	• 목표행동 달성전략 　- 행동 늘리기: 목표가 특정행동을 늘리는 것인 경우 활동지 　　4-2를 나누어주고 도움행동을 늘리고, 방해행동을 줄이는 전 　　략을 생각한다. 　- 행동 줄이기: 목표가 특정행동을 줄이는 경우 활동지 4-3을 　　나누어 준 후 대안 행동과 행동을 자극하는 조건을 없앨 수 　　있는 방안을 생각한다.	10′	
정리	• 정리 및 느낀 점 나누기 　- 이번 시간을 통해 알게 된 점, 나를 변하게 만든 것, 느낀 점, 　　아쉬웠던 점, 힘들었던 점 등을 발표한다. • 과제 안내하기 　- 계획안 목표 및 행동전략 일주일 동안 실천하기	5′	

06

독서치료 중심 회복탄력성
프로그램8)

가. 프로그램 구성 체계

경제적 빈곤으로 인하여 일반 가정의 초등학생보다 많은 사회 정서적 문제를
보일 수 있는 저소득가정 초등학생들에게 자신에게 다가올 수 있는 실패의 과정
에서 좌절하지 않고 다시 그 일을 할 수 있게 되는 힘을 기르고 학교생활에 대
한 적응력을 높여줌으로써 보다 현실을 넘어선 적극적인 삶을 살 수 있도록 돕
기 위한 차원의 독서프로그램이다. 독서치료 중심 회복탄력성 프로그램의 구성
체계는 <표 10-16>과 같이 정리할 수 있다.

<표 10-16> 독서치료 중심 회복탄력성 프로그램의 구성 체계

프로그램 목적 및 목표	• 독서치료 프로그램을 통해 학교생활 적응을 향상시키려는 것이다. • 독서치료 프로그램을 통해 학교생활 적응을 향상시키고 회복탄력성을 높이기 위함이다.
프로그램 내용	• 책 읽는 방법알기 • 가고 싶은 학교 초대장 뽑기 • 친구의 마음 헤아리기
프로그램 방법	• 주2회 40분수업 • 도입(이야기 나누기)-전개(스티커, 우리학교 모습, 행사사진 보여주기) 마무리 (소감문)-차시예고

---

8) 이신애(2015). 독서치료 프로그램이 저소득층 초등학생의 회복탄력성과 학교생활 적응에 미
  치는 효과. 석사학위논문. 경성대학교 교육대학원.

나. 프로그램 내용

회복탄력성과 학교생활에 대한 적응력을 높여줌으로써 보다 현실을 넘어선 적극적인 삶을 살 수 있도록 돕기 위한 차원의 독서치료 중심 회복탄력성 프로그램은 총 13회기로 구성되었으며 <표 10-17>과 같이 정리할 수 있다.

<표 10-17> 독서치료 중심 회복탄력성 회기별 프로그램 내용

회기	제목	목표	내용
1	마음을 열어요	독서 프로그램에 대한 안내로 이해를 높이고, 마음을 열 수 있다.	• 프로그램 안내 • 서약서 쓰기 • 별칭 짓기 • 책 읽는 방법 알기
2	나에게 학교란?	학교가 좋은 이유와 싫은 이유를 말할 수 있으며, 우리 학교를 소개 할 수 있다.	• 학교가 좋은 이유, 싫은 이유 • 트루디에게 위 학교를 소개하기 • 가고 싶은 학교 초대장 뽑기
3	친구야~ 사랑해	친구의 입장이 되어 마음을 헤아려 보고, 친구들과 사이 좋게 지내기 위하여 가져야 할 모습을 알 수 있다.	• 친구의 마음 헤아리기 • 건주의 표정 상상하여 그림 그리기 • 등장인물의 입장이 되어 편지 쓰기
4	공부와 친해져요	몰랐던 것을 알게 됨으로써 도움을 얻은 경험을 통하여 배움의 중요성을 알 수 있다.	• 배움의 중요성 • 피튜니어와 친구들 이야기를 역할놀이로 꾸며보기 • 지혜를 얻은 피튜니어의 뒷 이야기 꾸미기
5	선생님 최고!	선생님과 학생 입장이 각각 되어보고, 서로의 마음을 표현하는 바람직한 방법을 찾을 수 있다.	• 선생님의 마음, 학생의 마음 • 손가락의 인형극을 하며 입장 바꿔 생각하기 • 토의를 통한 선생님과의 갈등의 해결
6	규칙은 소중한 것	학교생활에서 지켜야 할 규칙과 질서의 중요성을 알고 성실하게 지키려는 마음을 갖는다.	• 규칙의 중요성 • 나쁜 어린이표가 아닌 학교규칙을 착한 어린이표로 만들기 • 내가 만든 지킴료 활용하기
7	나의 마음 너의 마음	상대방의 경험과 마음에 관심을 갖고, 배려와 긍정적인 반응이 담긴 적절한 표현을 할 수 있다.	• 정화처럼 약한 친구를 위하여 가치 있는 일의 경험 나누기 • 콜라주 기법으로 책에서 느낀 감정들을 표현 해보기 • 친구들의 작품과 비교하며 비슷한 점, 다른점 등을 나누기

회기	제목	목표	내용
8	스스로 멈추는 힘!	목표 달성을 위해 충동적인 행동을 조절하고 신중하게 행동할 수 있다.	• 절제로 얻은 선물 • 감정날씨 그래프로 현재 감정을 알고 상호 지지하기 • 인생 설계도 쓰기
9	스스로 해결해요	스트레스 상황에서 자신의 마음과 문제를 살펴보고 해결방법을 찾아, 긍정적인 감정을 유지할 수 있다.	• 자신의 문제를 돌아보기 • 친구들과 서로의 문제를 살펴주고 준모의 해결방법 찾기 • 과거의 나에게 편지쓰기
10	무엇이 문제일까	문제 상황을 정확하게 알아차리고, 그 원인과 해결 방법을 찾아 낼 수 있다.	• 나의 인생 곡선 • 프랭클린이 등딱지를 무서워하는 이유와 극복했을 때의 기쁨 알기 • 어려움을 극복하고 일을 해내던 경험, 나에게 힘을 주는 격려자 찾기
11	행복한 인터뷰	어려운 상황 속에서 긍정적인 생각으로 적극적으로 행동하고 자신감을 가질 수 있다.	• 창남이의 자신감의 비결 찾기 • 위인들의 삶을 통해 희망 찾기 써서 친구들에게 날리고 희망의 댓글 달아주기
12	포기하지 않아요	불가능한 일도 성공할 수 있다는 기대를 갖고 자신에 대한 믿음을 지킬 수 있다.	• 보비에게 줄 상장 그리기 • 불가능한 일도 가능할 수 있음을 알기 • 성공에 대한 기대감을 명함으로 만들기
13	큰 나무가 된 겨자씨처럼	힘든 상황에서 참고 견디며 꿈을 이루기 위해 도전할 수 있다.	• 겨자씨의 교훈 알기 • 꿈을 이룬 겨자씨처럼 나의 꿈 발표하기 • 꿈을 이루기 위해 도전할 알 실천료 작성 • 프로그램 마무리 활동

다. 프로그램 예시

독서치료 중심 회복탄력성 프로그램의 활동절차는 도입, 전개, 마무리로 구성되었으며 <표 10-18>과 같이 정리할 수 있다.

<표 10-18> 독서치료 중심 회복탄력성 예시

2회기 - 나에게 학교란?		
활동목표	학교가 좋은 이유와 싫은 이유를 말할 수 있으며, 우리 학교를 소개할 수 있다.	
준비물	〈학교 가기 싫어〉 활동지, 스티커, 우리 학교의 모습 및 여러 행사 사진	
활동절차	활동내용	시간 및 유의점
도입	• '우리 학교'하면 떠오르는 단어를 5가지 이상 써보고 왜 그런 단어를 떠올렸는지 이유에 대하여 이야기 나누기 • 활동목표 안내하기	10분

전개	◎ 활동1〈독서 자료분석〉
	 • 인식하기
	  – 트루디는 왜 학교에 가기 싫었나요
	  – 트루디가 마침내 학교를 떠나는 날 마음이 어떠했었나요
	 • 이해하기
	  – 트루디가 한 말은 모두 사실일까요 그리고 학교에 대해 그렇게 말했던 까닭은 무엇일까요
	 • 평가하기
	  – 학교가기 싫어하는 트루디에 대해 여러분은 어떻게 생각하나요
	 • 적용하기
	  – 나도 트루디와 비슷한 경험(생각)을 한 적이 있는지 이야기 해봅시다.
	  – 학교에 가기 싫은 날이 있었다면, 그때 나는 어떤 방법으로 극복을 했는지 이야기해 봅시다.
	
	◎ 활동2-트루디야, 우리 학교에 놀러오지 않을래?(활동지2)
	  – 우리 학교만 가진 특징, 좋은 점, 자랑거리 등을 떠올려 보기
	  – 학교를 싫어하는 트루디에게 우리 학교를 소개하는 초대장 만들기
	
	◎ 활동3- 최고의 초대장 뽑기
	  – 각자가 트루디가 되어 최고의 초대장 뽑아보기
	  – 그 초대장을 선정한 이유를 발표하기
	  – 우리 학교에 대한 퀴즈 시간!
		20분
		-스티커
		
		-우리학교
		모습
		행사 사진
		보여주기

마무리	활동을 마치면서 자신의 생각이나 느낌 말하기	
차시예고	다음시간 안내-나로 인해 친구가 속상해 했던 경험 생각해보기 〈나는 진짜 나일까〉	10분 소감문

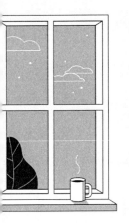

성인 회복탄력성
프로그램

01

보육교사 대상 회복탄력성
프로그램[9]

가. 프로그램 구성 체계

보육교사를 위한 회복탄력성 프로그램은 보육교사의 회복탄력성을 향상시키기 위해 보육교사의 어려움과 갈등을 개인 내적, 타인과의 관계, 보육교사라는 직업의 성취와 갈등에서 오는 변화를 적극적인 도전을 통하여 극복할 수 있도록 순환적 학습과정을 통해 자신의 변화를 도모할 수 있도록 지원해 주는 프로그램을 의미한다.

보육교사를 위한 프로그램의 구성 체계를 <표 11−1>과 같이 정리할 수 있다.

<표 11-1> 보육교사를 위한 회복탄력성 구성 체계

프로그램 목적 및 목표	• 프로그램의 목적은 보육교사를 위한 회복탄력성을 향상시키는 데 있다. • 이러한 목적을 달성하기 위해 자신의 이해, 자아존중감 향상의 개인 내적 회복탄력성 향상 그리고 직무만족과 전문성 향상, 자기효능감 향상, 어려움의 도전으로 보육교사로서 직업의 성취와 변화의 도전을 위한 회복탄력성 향상을 목표로 하였다.
프로그램 내용	• 자신 알기(자신의 모습과 다양한 감정을 알고 표현하기) • 긍정적 정서를 유발하여 자아존중감 향상 • 자기개발 과정을 통해 타인 이해와 타인을 존중하는 능력 기르기 • 연민, 공감력, 감정의 자기조절 과정을 통해 대인관계능력 향상 • 교사로서 직업적 의미의 성취와 도전에 대한 변화의식 • 보육교사로서 어려움을 이겨 낼 수 있는 다양한 기술을 익혀 자존감회복, 자기효능감 향상 근속유지와 적극적인 도전하기

---

9) 오현숙(2019). 보육교사를 위한 회복탄력성 개발 빛 적응효과. 박사학위논문. 광주대학교 일반대학원.

프로그램 방법	• 강의 토의 워크숍, 사례발표 • 1시간 20분 주1회 총15회의 회기구성 • 도입-전개-정리순의 진행방식

나. 프로그램 내용

보육교사를 위한 회복탄력성 프로그램은 보육교사의 회복탄력성을 향상시키기 위해 총 15회기로 구성되었으며 <표 11-2>와 같이 정리할 수 있다.

<표 11-2> 보육교사를 위한 회복탄력성 프로그램 내용

회기	범주	내용요소	하위요소	활동 내용
1호기	오리엔테이션		프로그램 목적 및 진행과정 이해하기	연구동의서 및 사전검사 실시하기
2회기	회복탄력성 알아가기		회복탄력성 프로그램의 의미와 중요성 이해하기	회복탄력성 알아보기
3회기	개인 내적 회복	자신알기 1	자신알기 1	현재 자신의 감정상태 표현해 보기 (나의 모습 꾸미기)
4회기		자신알기 2	자신알기 1	자아존중감 증진방법 알기 (자신의 행복씨앗 심기)
5회기		자아존중감증진 1	긍정적 정서 향상	자신의 긍정적 정서 포착하기 (앨범 제작)
6회기		자아존중감증진 2	자신감 향상	자신의 장점 알아보기 (나의 장점나무 만들기)
7회기	타인과의 관계 회복	타인이해와공감 1	자기개발 과정을 통해 타인 이해 능력 기르기	드라마를 통해 상황에 대한 연민과 공감하기
8회기		타인이해와공감 2	자기개발과정을 통해 타인 이해와 타인을 존중하는 능력 기르기	DISC 유형을 통한 타인이해하기 - 동료교사와 마니또활동
9회기		자기조절 1	연민, 공감력, 감정의 자기 조절 과정을 통해 대인관계능력 향상	자기조절 상황 역할극하기 (관계에 영향을 미치는 자신의 신념, 가치관 등의 행동특성 - 슬픔, 분노, 죄책감, 당혹감)

회기	범주	내용요소	하위요소	활동 내용
10회기		자기조절 2	연민, 공감력, 감정의 자기 조절 과정을 통해 대인관계 능력 향상	문제행동 영유아에 대한 이해와 대처 알기
11회기	직업의 성취와 변화의 도전	직업적 의미의 성취 1	교사로서의 직업적 의미의 성취 인식하기	교사직업의 좋은 점, 사명감 나누기(감정극복) - 나에게 칭찬 편지쓰기
12회기		직업적 의미의 성취 2	교사로서의 직업적 성취와 도전에 대한 인식하기	심호흡, 점진적 교육 이완법, 긍정적 이미지 상상, 심리게임 기술알기 - 부모상담 방법 배워보기 (상황 역할극)
13회기		직업적 변화에의 도전 1	전문적인 교사로서의 자존감 회복을 통한 근속유지와 적극적인 도전하기	교사라는 직업에 감정의 어려움이 있을 때 적극적으로 도전하여 감정 극복하기 - 교사의 하루일과 중 뿌듯했던 일 그려보고 지지하기
14회기		직업적 변화에의 도전 2	전문적인 교사로서의 자기효능감 향상을 통한 근속유지와 적극적인 도전하기	어려움을 극복하고 계획했던 일과 성취 그래프 만들고 서로 격려하며 칭찬하기 - 나만의 휴가 계획 세우기
15호기	회복탄력성 지속하기		프로그램 평가하기	사후검사 및 만족도 평가하기(느낀 점 발표하기) - 앞으로 실천 계획 작성하기

다. 프로그램 예시

보육교사를 위한 회복탄력성 프로그램의 활동 과정은 도입, 전개, 마무리로 구성되었으며 <표 11-3>과 같이 정리할 수 있다.

<표 11-3> 보육교사를 위한 회복탄력성 프로그램 예시

범주	내용요소	하위요소	회기	소요시간
개인내적회복	자신알기2	자신알기2	4호기	80분
활동목표	• 자신을 알고 자아존중감을 높이는 방법에 대해 안다. • 자신의 자아존중감을 인식하고 행복씨앗심기를 통해 자아존중감을 높인다.			

준비물	컴퓨터, PPT자료, 동영상, 활동지, 화분, 행복씨앗(강낭콩), 편지지, 네임펜
활동과정	활동내용
회복탄력성 도입 (20분)	• 라포형성을 의한 몸 풀기 운동 　– 동영상을 보며 함께 몸 풀기 운동을 한다. • 과제 발표하기 　– 지난 회기 과제를 발표하고 긍정적인 피드백을 주고 받는다.
회복탄력성 전개 (50분)	• 자아존중감을 높이는 방법은? 　– 자아존중감이 낮은 사람과 높은 사람의 특징에 대해 자세히 알아본다. 　– 자아존중감을 높일 수 있는 방법을 서로 나누어 본다. 　– 자신에 대한 작관적인 생각(남과 다름을 인정)으로 자아존중을 높여 본다. • 자신에게 있었던 어려움에 대해 파악해 본다. 　– 과거와 현재 자신에게 일어나는 사건(A)에 대한 생각(B), 감정, 행동(C)을 인식하고 문제에 직면할 때 떠오르는 생각들에 귀를 기울인다. 　– 사건, 생각, 감정과 행동을 인식하고 파악하는 방법에 대해 안다. 　– 하나의 어려운 상황에 대한 사건, 생각 감정과 행동을 동료들과 서로 구분하여 본다. • '행복씨앗심기' 활동 　– 준비된 종이에 자신이 자라면서 경험했던 역경과 어려움에 대한 편지를 자신에게 쓴다. 　– 편지의 중요단어를 행복씨앗 위에 적어본다. 　– 행복씨앗을 심어본다. • 자신이 심은 행복씨앗을 소개한다. 　– 화분에 심은 행복씨앗을 소개한다. 　– 행복씨앗의 틔울 행복 새싹에 대해 긍정적인 피드백을 주고 받는다.
회복탄력성 정리 (10분)	• 느끼기 　– 이번 시간을 통해 느낀 점, 배운 점, 좋았던 점, 궁금한 점에 대해 이야기 나눈다. • 저널 안내 　– 자신의 행복 새싹이 점점 자라 나뭇잎마다 새겨질 행복의 저널쓰기 • 다음 회기 안내하기 　– 다음 활동에 대해 안내한다.

02

예비부부 대상 회복탄력성 프로그램10)

가. 프로그램 구성 체계

Gottman 이론에 근거한 예비부부 대상 회복탄력성 프로그램은 건강한 관계의 집 모형 7단계를 토대로 구성하였으며 프로그램 구성 체계는 <표 11-4>와 같이 정리할 수 있다.

<표 11-4> 예비부부 대상 회복탄력성 프로그램

프로그램 목적 및 목표	• Gottman기초 이론 교육을 통해 프로그램에 대한 이해도를 높인다. • 서로의 내면을 알아본다. • 교제 기간에 서로 실수하거나 잘못한 것에 대해 인정하는 대화를 한다. • 상대를 비난하지 않고 나의 입장에서 감정과 요청을 부드럽게 말할 수 있다. • 싸움 후 감정처리로 두 사람의 관계를 보수해 나간다는 것을 안다.
프로그램 내용	• Gottman 척도지 • 마음을 열고 닫는 대화 • 관계를 망치는 4가지 독과 해독제(교육) • 신체 각성 상태에서 이완하기 • 초 감정 알아보기 • 함께 만드는 우리 집 문화
프로그램 방법	• 연구자의 관찰 및 소감, 이야기 나누기 • 주1회 6~7단계의 총8회기 구성

10) 지현영(2018). Gottman 이론에 근거한 예비부부 의사소통 향상 프로그램이 의사소통, 회복탄력성, 성인애착에 미치는 효과. 박사학위논문. 경남대학교 대학원.

나. 프로그램 내용

Gottman 이론에 근거한 의사소통 기법의 부부대상 회복탄력성 프로그램 내용 구성은 총 8회기 7단계로 나누며 프로그램 구성은 <표 11−5>와 같이 정리할 수 있다.

<표 11-5> 예비부부 대상 회복탄력성 회기별 프로그램 내용 구성

단계/회기		내용	제목	목표
1~4 단계 긍정성 구축	1회기	• 프로그램 소개 및 안내 • 사전 질문지 − Gottman의 척도지 − 회복탄력성 − 성인애착	1. 소중한 만남 이에요	• 예비부부 상담 및 교육의 필요성을 이해하고 참석하려는 의지를 높인다.
	2회기	• 우호감과 친밀감 쌓기 − 사랑의지도(추측게임) − 장점 찾아 표현하기 • 마음을 열고 닫는 대화 − 다가가는 대화 − 원수되는 대화 − 멀어지는 대화 • 과제: 나와 배우자의 장점 찾아오기	2. 칭찬 해요	• 서로의 내면을 알아본다. • 긍정적 시각의 필요성을 알고 칭찬을 표현할 수 있는 시각을 키운다. • 관계를 이어주는 대화 패턴으로 변화시킨다.
5단계 갈등 관리	3회기	• 치유의 대화 • 관계를 망치는 4가지 독과 해독제(교육) − 비난하지 말고 부분적으로 인정 후 해명하기 − 방어하지 말고 부드럽게 요청하기 − 경멸하지 말고 호감과 존중의 문화 만들기 − 담쌓기하기 전에 자기진정 하기	3. 대화를 해요	• 교재 기간에 서로가 실수하거나 잘못한 것에 대해 인정하는 대화를 한다. • 새로운 관계를 형성하기 위해 구체적 Gottman이론과 실습을 통해 자기 내면의 통찰력을 키운다. • Gottman이론 핵심으로 관계를 망치는 나의 대화 패턴을 알아차리고 해독제를 배우고 익힌다. • 상대를 비난하지 않고 나의 입장에서 감정과 요청을 부드럽게 말할 수 있다.

단계/회기		내용	제목	목표
	4회기	• 관계를 망치는 4가지 독과 해독제(실습)	4. 대화를 해요Ⅱ	• 내가 사용하는 4가지 독을 파악하고 해독제로 말하는 경험을 가진다. • 상대를 진정으로 인정하는 호감과 존중의 표현으로 관계를 재형성한다.
	5회기	• 회복탄력성 – 프리즈–프레임5단계. (Doc, Howard 2007) – Em웨이브 경험–바이오피드백 도구) – 신체 각성 상태에서 이완하기	5. 진정해요	• 신체 생리적으로 자기 진정하는 방법을 배워 각성된 신체 상태를 이완할 수 있다. • 심장 호흡을 배워 감정적 중립상태에서 나의 감정을 표현할 수 있다.
	6회기	• 감정 알기 – 당위적 삶을 실존적 삶으로 살아보기 – 초 감정 알아보기	6. 인정해요	• 나의 어린시절 감정적 기억과 원 가족과의 관계에서 미해결된 감정을 깨닫고 표현한다. • 예비배우자의 원 가족 관계를 이해한다.
	7회기	• 갈등관리와 꿈 이루기 – 라포포트 – 두 타원	7. 꿈을 이해해요	• 갈등 상황에서 무엇을 이야기하는 것보다 어떻게 이야기를 하는가를 인식할 수 있다. • 갈등 속에는 꿈이 있다는 것을 서로 알고 갈등 속에서 숨겨진 꿈을 서로 이해할 수 있다.
6~7단계 꿈이루기	8회기	• 함께 만드는 우리집 문화 – 보수 작업 – 애착 증진 활동 – 공유하는 의미 만들기 – 사후 설문지 – 평가서 작성하기 – 마무리 및 느낌 나누기	8. 행복한 부부 되어요	• 싸움 후 감정 처리로 두사람의 관계를 보수해 나간다는 것을 안다. • 치료 놀이의 신체적 접촉은 서로를 연결해 줌을 경험한다. • 정서적 유대감을 위한 매일의 의식은 가정의 문화를 창조하고 대화할 수 있는 기반이 됨을 이해한다.

다. 프로그램 예시

Gottman 이론에 근거한 의사소통 기법의 부부대상 회복탄력성 프로그램은 이야기 나누기, 대화하기, 교육하기, 실천하기, 심장 호흡하기, 마무리로 구성 되었으며 <표 11-6>과 같이 정리할 수 있다.

<표 11-6> 예비부부대상 회복탄력성 프로그램 예시

3회기 활동내용
1. 지난 일주일 동안 지냈던 이야기 나누기 한 주 동안 과제로 상대의 장점을 찾아 본 것에 느낌과 생활 속에서 긍정적으로 표현을 해 본 것에 느낌을 나누면서 긍정성에 대한 동기유발을 강조하였다.
2. 치유의 대화하기 오늘은 새로운 관계형성을 위해 '치유의 다가가는 대화'를 배워 볼 거예요. 우선 '눈 마주보기 2분'을 해 보겠습니다. 눈을 마주볼 때 어떤 생각이나 느낌이 드는지?를 서로 이야기 나눈다. 한사람이 "내가 당신을 평생의 반려자로 선택했던 이유는 ~"하고 질문하면 "평생을 함께할 수 있는 친구가 되어주고, 나를 많이 사랑해 주고, 부모님께 잘할 것 같아서" 라고 적으신 것을 대화하듯 상대의 눈을 보시면서 말씀하시면 됩니다.
3. 교육하기-마음을 여는 대화와 닫는 대화 이번에는 Gottman의 마음을 여는 대화와 마음을 닫는 대화법을 배워보도록 하겠습니다. 마음을 여는 대화는 다가가는 대화로 상대에게 관심을 가지고 수용, 경청하는 대화법을 말하고, 마음을 닫는 대화는 멀어지는 대화와 원수되는 대화가 있는데 원수되는 대화에는 비난, 방어, 경멸, 담쌓기로 Gottman은 이것을 부부관계에서 관계를 망가뜨리는 4가지 독이라고 하였습니다. 4가지 독에는 해독제가 있는데 비난의 해독제는 부드럽게 요청하기, 방어의 해독제는 먼저 상대의 말에 부분적으로 인정하고 해명하기, 경멸은 호감 존중 표현하기로 지난 시간에 우리가 했던 칭찬의 말입니다. 그리고 담쌓기는 먼저 진정하기인데 하트매스 연구소에서 현대인들이 스트레스에 대처하기 위한 방법으로써 심장 호흡을 하면 우리 신체가 스트레스상태에 처할 때 가장 빠르게 우리 신체를 중립상태로 만든다고 합니다. 돈도 안 들고 우리가 손쉽게 할 수 있는 심장 호흡법을 배워 볼 거예요. 우선 두 분이 사귀시면서 갈등상황을 제가 없다고 생각하고 역할극을 해주시면서 두 분의 대화방식을 규명하고 해독하는 방법을 알려드리겠습니다. 괜찮으시겠어요?하고 두 사람의 관계 속에서 일어나는 상황을 역할극으로 재현하도록 하여 4가지 독을 규명하고 해독하는 대화법을 연습하도록 하겠습니다.
4. 과제를 통해 생활에서 실천할 수 있도록 지도하기 매일 하루에 한번씩 카톡으로 칭찬 표현하기

5. 심장호흡법 연습하기

눈을 감으시고 감으신 채로 코끝을 바라보시고, 입은 지그시 다문채로 코로 5초간 숨을 들이쉬고 내쉬고를 3번 반복해 보겠습니다. 해보시니까 좀 어떠세요?라고 자신의 마음이 안정화 상태로 가는지를 점검해 본다.

6. 마무리하기

오늘 Gottman의 4가지 독과 해독제를 배우셨는데 아직은 몸에 체득이 잘 되지 않으셨을 거예요. 그래서 다음 시간에도 4가지 독을 해독제로 바꾸는 연습을 하도록 하겠습니다. 지금 기분이 어떠세요?를 통해 두 사람의 대화법에 대한 인식을 점검하였다.

03

명상 중심 회복탄력성 프로그램11)

가. 프로그램 구성 체계

명상 중심 회복탄력성 프로그램은 취업을 준비하는 대학생과 대학원생들에게 마음챙김, 회복탄력성, 자기효능감을 향상시키기 위한 프로그램이다. 프로그램의 구성 체계는 <표 11−7>과 같이 정리할 수 있다.

<표 11-7> 명상 중심 회복탄력성 프로그램 구성 체계

프로그램 목적 및 목표	• 프로그램의 목적은 취업을 준비하는 대학생과 대학원생들에게 마음챙김, 회복탄력성, 자기효능감에 대해 알아보기 위함이다.
프로그램 내용	• 마음챙김 척도검사 • 회복탄력성 척도검사 • 자기효능감 척도검사 • 자유 기술식 자기보고 설문 • 호흡명상, 호흡별 느낌 알아보기 • 마음과 감정의 비만 다이어트, 나의 욕심 찾기, 비움의 단계
프로그램 방법	• 강의, 소감나누기, 오행체조, 명상 • 1회 90분씩 10회기 실시

---

11) 한혜영(2019). 선(仙)명상프로그램이 대학생의 마음챙김, 회복탄력성, 자기효능감에 미치는 영향. 석사학위논문. 한국교동대학교 교육대학원.

나. 프로그램 내용

명상 중심 회복탄력성 프로그램의 내용은 총 10회기로 구성되었으며 <표 11
-8>과 같이 정리할 수 있다.

<표 11-8> 선(仙)명상프로그램의 내용

회기	주제	목표	프로그램 내용
OT 및 사전검사	명상이란	• 명상에 대한 소개 • 프로그램 이해	• 마음챙김 척도 • 회복탄력성 척도검사 • 자기효능감 척도검사 • 자유기술식 자기보고 설문
1	호흡명상	• 호흡명상 이해 • 자신의 호흡 느끼기	• 강의: 호흡명상, 호흡별 느낌 • 알아보기 • 활동: 오행체조, 3초 호흡명상, 소감나누기
2	이완명상1	• 자신의 몸 바라보기 • 몸의 느낌 이해하기	• 강의: 이완명상법(바디스캔) • 활동: 오행체조 • 이완명상 & 체크하기, 소감나누기
3	이완명상2	• 자신의 몸 바라보기 • 몸을 통한 맑음과 탁함 느끼기	• 강의: 이완명상법2(백두산 계곡명상) • 활동: 오행체조, 이완명상 & 체크하기, 소감나누기
4	디톡스명상	• 호흡을 통한 몸의 정화 • 자신의 호흡 느끼기	• 강의: 디톡스 호흡명상법 • 활동: 오행체조, 이완명상 & 체크하기, 소감나누기
5	감정과 호흡	• 감정과 호흡의 관계 이해 • 몸의 감정 찾기	• 강의: 감정과 호흡의 변화 • 활동: 상황별 감정에 따라 변화되는 호흡 느끼기, 지수화풍명상, 소감 나누기
6	마음의 힘	• 마음의 힘 이해하기 • 신체의 긍정과 부정 반응 이해하기	• 강의: 오링테스트와 몸의 반응 • 활동: 오링테스트, 호흡명상, 새날리기, 명상, 소감나누기
7	스트레스와 명상	• 단계별 스트레스 이해 • 호흡을 통한 스트레스 해소	• 강의: 스트레스 단계와 해소법 • 활동: 정좌호흡명상(목욕 명상), 소감 나누기
8	마음 열기	• 나와 남의 관계 마음과 인간관계(수평형, 수직형)	• 강의: 나와 남의 차이점 • 활동: 마음 열기와 인간관계, 입체적으로 자신 바라보기(바다수영 명상)

회기	주제	목표	프로그램 내용
9	비움	• 비움과 채움 이해하기 • 내면의 욕심 이해하기 • 마음속 미니멀 라이프	• 강의: 마음과 감정의 비만과 다이어트, 　나의 욕심 찾기, 비움의 단계 • 활동: 비움 명상(주머니 명상), 소감 나 　누기
10	자기사랑	• 자각과 자기 • 사랑 관계 이해하기	• 가의: 자각을 통한 자기 사랑 　(나를 괴롭히는 것 등) • 활동: 자안명상(자신의 눈 바라보기), 　자기사랑 명상, 소감 나누기
사후 검사		• 마무리 전체평가	• 마음챙김 척도검사 • 회복탄력성 척도검사 • 자기효능감 척도검사 • 자유기술식 자기보고 설문

다. 프로그램 예시

명상 중심 회복탄력성 프로그램은 강의 내용과 실습내용으로 구성되었으며,
<표 11-9>와 같이 정리할 수 있다.

<표 11-9> 명상 중심 회복탄력성 프로그램 예시

3회기	이완명상2

◎ 목표: 자신의 몸 바라보기, 몸을 통한 맑음과 탁함 느끼기

◎ 강의 내용
• 토금수목화 오행에 대한 설명과 오행관련 장부와 감정의 관계
• 이완이란?: 편하다함은 곧 이완되어 있는 것이며 이완된 상태가 즉시 힘을 발휘할 수 있
　는 준비태세로서의 이완이어야 함
• 이완은 긴장 속의 평온이며, 평온 속의 긴장을 유지하는 방법

◎ 실습 내용
• 금기운을 강화시키는 오행체조하기
• 3초 내쉬고 3초 들이쉬는 호흡연습하기
• 이완명상 와공(백두산천지 명상): 상상으로 백두산 천지 물속으로 내려가 맑은 기운으로
　자신을 씻어 내는 명상
• 이완명상 좌공(백두산계곡 명상): 가슴속에 쌓여 있는 감정과 스트레스를 호흡과 상상을
　통해 산속 계곡물에 띄워 보내는 명상법
• 소감 나누기

04

긍정심리 중심 회복탄력성 프로그램[12]

가. 프로그램 구성 체계

긍정심리 중심 회복탄력성 프로그램은 마음의 근력인 회복탄력성을 증진시키고 대학생활 스트레스를 감소시켜 대학생의 자기조절능력을 향상시키고 긍정성을 지니며 관계를 원활하게 함으로써 번성한 삶을 살아가게 함이다. 긍정심리 중심 회복탄력성 프로그램 구성 체계를 <표 11-10>과 같이 정리할 수 있다.

<표 11-10> 긍정심리 중심 회복탄력성 프로그램 구성 체계

프로그램 목적 및 목표	대학생에게 긍정심리 PERMA 프로그램을 실시함으로써, 자기조절능력, 긍정성을 증진시키고 대학생활 스트레스를 감소시켜, 행복하고 웰빙한 삶을 살아가는 데 목적이 있다. • 긍정적인 생각을 일상생활에서 실천하기 • 자신과 타인의 강점을 확인하고, 자신과 타인에 대한 이해하기 • 건강한 인간관계로 변화하기 • 소중한 삶의 가치를 찾고, 자신의 인생목표 찾기 • 자기통제와 자신의 성취 목표 설정하기
프로그램 내용	• 워크북을 활용하여 자기소개하기(긍정적 자기소개) • 일상생활에서 나의 강점을 이용할 방법 찾기(워크북)

---

12) 이미희(2017). 대학생의 회복탄력성 증진을 위한 긍정심리 PERMA 프로그램효과 검증. 박사학위논문. 경남대학교 대학원.

	• 낙관성 사례(짚신과 우산)			
	• 인간관계의 이해와 중요성(긍정심리이론PPT)			
	• 내가 베풀 수 있는 친절과 실행할 수 있는 행동 알아보기			
프로그램 방법	• 도입-활동-마무리순 • 주1회 총 5회기 구성 • PPT활용, 활동지, 이름표, 풍선 사용			

나. 프로그램 내용

마음의 근력인 회복탄력성을 증진시키고 대학생활 스트레스를 감소시켜 대학생의 자기조절능력을 향상시키는 긍정심리 중심 회복탄력성 프로그램 구성 내용은 총 5회기로 구성되었으며 <표 11-11>과 같이 정리할 수 있다.

<표 11-11> 긍정심리 중심 회복탄력성 프로그램 내용

회기	단계	제목	목표	주요활동
1	동기부여 자기개방	"마음의 문을 열고"	■ 프로그램에 대한 이해 〈목적 및 필요성〉하기 ■ 친밀감 형성하기	• 프로그램에 대한 설명(의미, 필요성, 목적)과 진행과정 소개 • 행복의 5가지 조건, PERMA를 훈련하라 • 워크북을 활용하여 자기소개하기(긍정적 자기소개) • 집단 시 지켜야 할 사항 • 긍정일기장 배부(자신과의 대화 일기 쓰기) • 회기별 평가서 작성(개인 참여도 관찰일지 적기) • 회복탄력성, 불안, 대학생활 스트레스. 사전검사
2	긍정적 정서 (Positive emotion)	내 안의 나	■ 자신의 긍정성 구축하기 ■ 대표강점을 찾아 자아실현에도 도움을 준다.	• 절대 긍정이야기 • 긍정정서와 부정정서에 대한 이해(PPT 사용) • 내 안의 긍정 이끌어내기 • 나의 대표강점 찾기 • 강점이론과 진단 및 활용 • 일상생활에서 나의 강점을 이용할 방법 찾기(워크북)

회기	단계	제목	목표	주요활동
3		"걱정 말아요. 그대"	■ 희망 키우기 ■ 비교하지 않기 ■ 두려움과 불안 극복하는 방법 찾기	• 마틴 셀리그만의 낙관성의 이해 • 나만의 삶을 바라보는 관점(워크북)나누기 • 비관적인 생각에 대한 연습을 통해 긍정적인 정서를 부양한다. • 두려움 나는 어떻게 극복할 것인가?(개인 사례, 워크북) • 낙관성의 사례(짚신과 우산)
4	관계 (Relation -ship)	"通하는 우리"	■ 건강한 인간관계로 변화하기 ■ 자신만의 긍정적인 대화방법 터득하기	• 인간관계의 이해와 중요성(긍정심리이론 PPT) • 대인관계테스트(간이 시트지) • 나의 대인관계 자가진단(조.해리의 창)과 점검 • 갈등하면 떠오르는 것?(사람얼굴 시트지) • 말하는 습관 바꾸기(체험활동)
5		사랑의 또 다른 이름	■ 공감과 경청의 이해 ■ 긍정적인 시각으로 상대를 바라보기	• 긍정심리학의 4가지 반응기술 배우기 • 마음을 열고 들어 봅시다(워크북) 그림을 보고 질문에 답하기 • 무관심한 의사소통 경험하기(체험활동) • 내가 베풀 수 있는 친절과 실행할 수 있는 행동 알아보기

다. 프로그램 예시

긍정심리 중심 회복탄력성 프로그램은 도입, 활동, 마무리로 구성되었으며 <표 11-12>와 같이 정리할 수 있다.

<표 11-12> 긍정심리 중심 회복탄력성 프로그램 예시

2회기	내 안의 나	목표	• 긍정성 구축하기 • 긍정적인 생각을 일상생활에서 실천하기	
과정	활동내용			준비물
도입	• 진단 실시 전 분위기 조성과 집단원 간의 친밀감 형성 • 진행 프로그램에 대한 설명 • 긍정일기장 점검			PPT활용
활동	• 참 만남카드를 활용하여 3가지씩 자기 이야기를 집단원에게 발표한다. • 생각-행동-습관-인생-운명을 바꾼다. 머피박사의 '의사가 된 소년'의 이야기를 들려준다. • 긍정정서와 부정정서의 이해 (ppt활용) • 나의 마음 모니터링 하기 (활동지2): 내가 힘들었을 때/ 지금 생각해보니 • 부정적인 생각 풍선에 써서 터트리기. • 나의 장점을 적고 나의 단점을 적어서 앞 친구가 장점으로 바꾸어준다(활동지3). • 마법의 심리테스트(나의 정원에 나무를 심는다면?)내가 중요하게 생각하는 가치 찾기. • 나의 대표 강점 찾기.(강점이론과 진단) • 내면에 있는 나의 강점을 깨워라(활동지4): 자신의 대표강점 5가지를 찾아 스티커를 붙이고 친구들에게 알린다.			PPT활용 활동지 이름표 색연필 풍선
마무리	• 오늘 진행된 프로그램에 대한 평가서를 작성한다. • 긍정일기쓰기를 잊지 않고 실행한다. • 다음일정에 대한 안내를 한다.			

05

정서 중심 회복탄력성 프로그램[13]

가. 프로그램 구성 체계

자기효능감, 자기조절, 관계성, 낙관성 등 회복탄력성을 향상시키기 위한 4가지 하위요인을 중심으로 정서를 표현하고 재구성한 프로그램으로 일반인이 회복탄력성을 증진시키기 위한 프로그램이다. 정서중심 회복탄력성 프로그램의 구성 체계는 <표 11-13>과 같이 정리할 수 있다.

<표 11-13> 정서 중심 회복탄력성 프로그램 구성 체계

프로그램 목적 및 목표	• 정서중심 회복탄력성 프로그램으로 자기효능감을 향상시킬 수 있다. • 정서중심 회복탄력성 프로그램으로 자기조절의 능력을 향상시킬 수 있다. • 정서중심 회복탄력성 프로그램으로 관계성을 향상시킬 수 있다. • 정서중심 회복탄력성 프로그램으로 낙관성을 향상시킬 수 있다.
프로그램 내용	• 자기효능감과 자신감 이해 • 자신감 실패 스토리텔링 통한 회복탄력성 향상 • 정서를 재구성하므로 새로운 의미를 창조 • 감정폭발 스토리1 • 감정폭발 스토리1 • 새로운 의미 창조(변화시킬 수 있는 것)
프로그램 방법	• 한 주에 1회씩 2시간 총 10회 • 신체활동, 나눔, 콜라주 작업

---

13) 임그린(2017). 정서중심 회복탄력성 그룹코칭 프로그램 효과성 연구. 박사학위논문. 광운대학교.

나. 프로그램 내용

회복탄력성을 향상시키기 위한 4가지 하위요인을 중심으로 정서를 표현하고 재구성한 프로그램으로 일반인이 회복탄력성을 증진시키기 위한 프로그램이다. 정서중심 회복탄력성 프로그램의 내용은 <표 11-14>와 같이 정리할 수 있다.

<표 11-14> 정서중심 회복탄력성 그룹코칭 프로그램

회기	구성(정서중심개입)	단계	회복탄력성 하위요인	그룹코칭
1	• welcoming • 아이스브레이크 오리엔테이션 • 규칙 만들기 • structuring			
2	• 아이스브레이크 활동 • 자신감을 상실했던 실패 스토리1 • 정서 탐색 및 표현 • 새로운 의미 창조	• 결합 • 인식 • 활성화/탐색 • 정서의 재구성	자기효능감	• 관계 • 목표 • 학습 • 변화
3	• 아이스브레이크 활동 • 자신감을 상실했던 실패 스토리2 • 정서 탐색 및 표현 • 새로운 의미 창조	• 결합 • 인식 • 활성화/탐색 • 정서의 재구성	자기효능감	• 관계 • 목표 • 학습 • 변화
4	• 아이스브레이크 활동 • 관계의 실패 스토리1 • 정서 탐색 및 표현(빈의자 기법) • 새로운 의미 창조	• 결합 • 인식 • 활성화/탐색 • 정서의 재구성	관계성	• 관계 • 목표 • 학습 • 변화
5	• 아이스브레이크 활동 • 관계의 실패 스토리1 • 정서 탐색 및 표현(빈의자 기법) • 새로운 의미 창조	• 결합 • 인식 • 활성화/탐색 • 정서의 재구성	관계성	• 관계 • 목표 • 학습 • 변화
6	• 아이스브레이크 활동 • 관계의 실패 스토리1 • 정서 탐색 및 표현 • 새로운 의미 창조	• 결합 • 인식 • 활성화/탐색 • 정서의 재구성	조절능력	• 관계 • 목표 • 학습 • 변화
7	• 아이스브레이크 활동 • 감정 폭발 스토리2 • 정서 탐색 및 표현 • 새로운 의미 창조(변화시킬 수 있는 것)	• 결합 • 인식 • 활성화/탐색 • 정서의 재구성	조절능력	• 관계 • 목표 • 학습 • 변화

회기	구성(정서중심개입)	단계	회복탄력성 하위요인	그룹코칭
8	• 아이스브레이크 활동 • 크게 낙심했던 스토리1 • 정서 탐색 및 표현 • 새로운 의미 창조	• 결합 • 인식 • 활성화/탐색 • 정서의 재구성	낙관성	• 관계 • 목표 • 학습 • 변화
9	• 아이스브레이크 활동 • 크게 낙심했던 스토리2 • 정서 탐색 및 표현 • 새로운 의미 창조	• 결합 • 인식 • 활성화/탐색 • 정서의 재구성	낙관성	• 관계 • 목표 • 학습 • 변화
10	• 9회기 정리 및 서로에 대한 피드백 • 새로운 의미 창조 정리 통합 전체정리 • 콜라주 작업 • resilience의 삶을 위하여	통합	전체 정리	

다. 프로그램 예시

정서 중심 회복탄력성 프로그램은 주제 목표 활동내용으로 구성되었으며 <표 11-15>와 같이 정리할 수 있다.

<표 11-15> 정서 중심 회복탄력성 프로그램 예시

2회기 주제	• 자기효능감 향상	
2회기 목표	• 자기효능감과 자신감을 구분한다. • 자신감을 향상한다.	
주요내용	• 자기효능감과 자신감 이해 • 자신감 실패 스토리텔링 통한 회복탄력성 향상	
활동내용	내용	비고
	warming-up/워밍업	신체활동
	reflection/한 주 돌아보기	전체/돌아가면서
	teaching/교육	자신감 vs 자기효능감
	자신감 실패 스토리 통한 회복탄력성 향상	Sharing/나눔
	마무리 & 과제	배운 점 sharing

06

산모 대상 회복탄력성 프로그램[14]

가. 프로그램 구성 체계

산후우울예방 집단미술치료 프로그램은 미술치료활동에 들어가기 전에 오리엔테이션을 통해 프로그램의 목적과 진행방식을 알려주고 라포 형성을 위해 임신, 출산과정, 아기에 대한 이야기를 자연스럽게 나누며 긴장감을 해소시킨다. 본 프로그램의 구성 체계는 <표 11-16>과 같이 정리할 수 있다.

<표 11-16> 산모 대상 회복탄력성 프로그램 구성 체계

프로그램 목적 및 목표	• 라포 형성, 긍정성 촉진 및 감정조절 • 원인분석 및 감정조절, 긍정성 회복 • 감정조절 및 긍정성 향상 • 강점강화 및 긍정성 유지
프로그램 내용	• 자신을 상징할 수 있는 이미지를 정하고 집단원에게 자기소개 하기 • 여러 종류의 잡지를 제시한 후 '출산 후 느낌과 나의 바람들'을 콜라주 기법으로 실시하여 욕구 파악 및 자신을 개방하기 • 미래의 긍정적인 모습을 떠올리며 '5년 후 나의 모습'을 표현하고 서로에게 힘이 되는 메시지를 쓰고 서로에게 전달하기
프로그램 방법	• 총 5회기 60분 프로그램 • 도입(10분), 본활동(45분), 마무리(5분) • 각 회기별 주제에 맞춰 집단으로 진행하며 회기 주제에 따라 반구조화 형식으로 진행

---

14) 정경숙(2017). 산후우울경향, 산모의 회복탄력성증진 집단미술치료 프로그램개발. 박사학위논문. 대교대학교 대학.

나. 프로그램 내용

회복탄력성 증진 집단미술치료 프로그램은 2주 5회기 프로그램으로 구성하였으며, 산후조리원이라는 공간과 산욕기가 있는 산모라는 특이점을 고려하여, 안정감을 경험하고 자기의 강점을 찾아 적응력을 향상시키고 긍정성을 회복할 수 있는 활동들이다. 프로그램 내용은 <표 11-17>과 같이 정리할 수 있다.

<표 11-17> 회복탄력성 증진 집단미술치료 프로그램

회기	목표	활동명	활동내용	미술매체
1	라포 형성	별칭 짓기	자신을 상징할 수 있는 이미지나 자신이 희망하는 (자신이 되고 싶은) 것을 정하고 집단원에게 별칭과 아울러 자기소개하기	도화지, 파스넷, 크레파스, 색연필, 매직, 파스텔, 싸인펜
2	긍정성 촉진 및 감정조절	출산 후 느낌과 나의 바람들	여러 종류의 잡지를 제시한 후 '출산 후 느낌과 나의 바람들'을 콜라주 기법으로 실시하여 욕구 파악 및 자신 개방하기	잡지, 가위, 풀, 색연필, 싸인펜, 파스넷, 글루건 등 꾸미기재료
3	원인분석 및 감정조절, 긍정성 회복	자랑스러운 나	힘든 상황이나 어려운 일을 이겨낸 경험에서(현재까지의 대처 기술 파악하기) 자신만의 강점을 찾아보고 출산 후 변화된 생활에 잘 적응하기 위한 방법을 강점과 연관하여 이야기하며 서로를 지지하기	천사점토, 싸인펜, 글루건, 파스텔, 매직, 다양한 종류의 스티커, 색상지, 파스넷
4	감정조절 및 긍정성 향상	내게 주는 선물	스스로를 격려하는 말이나 앞으로의 다짐과 희망을(인형 만드는 과정에서 글을 적은 종이는 작게 접어 인형 안에 넣기) 완성 후 종이에 적었던 글을 집단원과 서로 나누며 지지해 주기	양말, 솜, 보글이모루, 글루건, 네임펜, 색연필, 털실, 봉봉이, 가위, 리본레이스 등 다양한 꾸미기재료
5	강점강화	5년 후 나의 모습	미래의 긍정적인 모습을 떠 올리며 '5년 후 나의 모습'을 표현하고 서로에게 힘이 되는 메시지를 쓰고 서로에게 전달하기	색상지, 인제 도안, 가위, 풀, 글루건, 네임펜, 싸인펜, 파스넷, 매직 등 꾸미기재료

다. 프로그램 예시

산후우울예방 집단미술활용 회복탄력성 프로그램구성은 도입, 활동, 마무리로 구성되었으며 <표 11−18>과 같이 정리할 수 있다.

<표 11-18> 산후우울예방 집단미술활용 회복탄력성 프로그램

회기		4회기		활동명		내게 주는 선물
목표	감정조절 및 긍정성 향상					
매체	양말, 솜, 보글이 모루, 글루건, 네임펜, 색연필, 털실, 뽕뽕이, 가위, 리본레이스, 다양한 꾸미기 재료 등					
단계	시간	활동내용				비고
도입	10	• 지난 시간의 느낌이나 오늘의 감정 나누기 • 프로그램에 대해 설명하기				
활동	45	• 지난 시간에 대한 느낌이나 오늘의 감정 나누기 • 출산이라는 큰 경험을 한 스스로를 칭찬하고 격려하는 말 나누기 • 자신을 격려하는 말이나 앞으로의 다짐과 희망을 종이에 적기 • '내게 주는 선물'로 인형 만들기를 실시함(인형 만드는 과정에서 글을 적은 종이는 작게 접어 인형 안에 넣기) • 작품 완성 후 종이에 적었던 글을 집단원과 서로 나누며 지지해 주기				
마무리	5	• 정리 및 다음 시간이 마지막 시간임을 알리기				
작품						

집단원의 작품

07

노인 대상 회복탄력성 프로그램[15]

가. 프로그램 구성 체계

집단 미술활용을 통한 독거노인 회복탄력성 증진프로그램은 독거노인의 집단장면에서 자연스럽게 일어나는 행동들을 정확하게 관찰하기 위하여 각 단계별 회기 진행 과정을 비디오 촬영을 하였고 프로그램의 구성 체계는 <표 11-19>와 같이 정리할 수 있다.

<표 11-19> 독거노인 대상 회복탄력성 프로그램 구성 체계

프로그램 목적 및 목표	• 라포 형성 및 친밀감을 형성할 수 있다. • 자기조절 능력을 향상에 도움이 된다. • 대인관계 능력이 향상된다. • 긍정성이 향상된다.
프로그램 내용	• 긍정적 의미 찾아보고 과거긍정성을 찾고 자기조절력 회복하기 • 지금 나의 기분을 표현해보고 현재감정을 탐색하고 표현해보기 • 자신이 잘하는 것을 하고 자기 강점을 발견, 현재 긍정, 자기조절 회복 • 자랑스러운 나의 모습을 표현해 봄으로써 자신에 대한 긍정적인 인식 향상
프로그램 방법	• 총 4단계 10회기 프로그램 • 도입(10분), 본활동(40분), 마무리(10분) • 각 회기별 주제에 맞춰 집단으로 진행하며 회기 주제에 따라 반구조화 형식으로 진행 • 다양한 미술매체를 활용하여 주제에 맞는 활동을 한다. - 도화지, 물감, 찰흙, 파스넷, 유성매직 등

---

15) 이은주(2015). 집단미술치료 프로그램이 독거노인의 회복탄력성에 미치는 영향. 석사 학위논문. 평택대학교 상담대학원.

나. 프로그램 내용

집단 미술활용을 통한 독거노인 회복탄력성 증진 프로그램은 총 4단계 10회기 프로그램으로 각 회기별 주제에 맞춰 집단으로 진행하며 회기 주제에 따라 반구조화 형식으로 진행된다. 회기별 프로그램을 <표 11-20>과 같이 정리할 수 있다.

<표 11-20> 독거노인 미술활용 회복탄력성 증진 프로그램 내용

단계	회기	목표	주제	활동내용	미술매체
1단계 신뢰 형성 단계	1	라포 형성 및 친밀감 형성	이름 꾸미기	오리엔테이션, 자기이름꾸미기를 통한 자기소개, 흥미유발	유성매직, 도화지, 스티커, 파스넷
	2		데칼코마니	친밀감, 흥미유발	도화지, 물감
2단계 자기 조절 단계	3	자기 조절 능력 향상	나에게 힘이되는 것	긍정적 의미 찾기 과거긍정, 자기조절력회복	찰흙, 찰흙칼, 도화지
	4		감정파이	기분을 표현해보며 현재 감정탐색과 표현, 현재긍정, 자기조절회복	도화지, 색종이, 풀, 파스넷
	5		내가 잘하는 것	손 본뜨기를 통한 강점발견, 미래긍정, 자기조절회복	도화지, 유성매직, 파스넷
3단계 대인 관계 단계	6	대인관계 능력향상	내가 차린 밥상	내가 차린 밥상을 누구와 함께 하고 싶은지 표현해 봄으로써 타인의 의미, 수용, 공감능력, 의사소통 능력, 대인관계 회복	지점토, 색종이, 접시
	7		내가 주고 싶은 선물	잡지에서 집단원에게 주고 싶은 선물을 붙여 봄으로써 자아확장력 향상	잡지, 도화지, 가위, 풀
4단계 긍정성 단계	8	긍정성 향상	자랑스러운 나	자랑스러운 나의 모습을 표현 해봄으로써 자신에 대한 긍정적인 인식 향상	지점토, 색종이, 접시
	9		소망나무 만들기	집단원의 소망을 적은 열매를 만들고 소망나무를 함께 꾸며 봄으로써 미래 긍정성 향상	전지, 파스넷, 색지, 풀, 유성매직, 가위
	10		감사한 나의 삶	나의 삶속에서 감사할 것을 생각해보고 생활만족도와 긍정성 향상	잡지, 도화지, 풀, 가위, 색연필

다. 프로그램 예시

독거노인 미술활용 회복탄력성 증진 프로그램의 활동 절차는 도입, 본 활동, 마무리로 구성되었으며 <표 11-21>과 같이 정리할 수 있다.

<표 11-21> 독거노인 미술활용 회복탄력성 증진 프로그램 예시

주제	나에게 힘이 되는 것	회차	3회기
목표	자기조절 능력 향상		
기대효과	과거의 삶을 나누고 긍정적 의미를 찾는다.		
진행시간	도입 10분, 실행 40분, 마무리 10분		
준비물	찰흙, 도화지, 조각칼		
단계	진행절차		
도입	• 집단원 간 인사를 나눈다. • 건강박수와 안마박수를 실시한다. • 프로그램에 대한 안내와 활동방법을 나눈다.		
본 활동	① 찰흙을 주고 만져보고 두드려보고 촉각적인 탐색을 해 본다. ② 매체를 탐색하며 자신의 과거와 나에게 힘이 되어 준 것들을 떠올려 본다. ③ 과거를 회상하여 찰흙으로 형상화 시켜본다. ④ 자신의 경험과 작품에 대해서 나눈다.		
마무리	프로그램을 참여하면서 느낀 점과 도움이 된 부분에 대한 피드백을 함께 나누고 다음 활동을 예고한다.		

<표 11-22> 회기별 작품사진 및 내용

3회기 나에게 힘이 되는 것	
A 	A는 찰흙의 촉감을 느껴보기도 하고 뭉쳐보기도 하였지만 아무런 생각이 나질 않는다며 그냥 사탕 접시를 하나 만들었다가 나중에는 모든 찰흙을 모아 쌓은 후 다보탑이라고 하였다.
C 	C는 찰흙의 촉감을 느껴보다가 제일 먼저 허수아비, 눈사람, 돼지를 만들었다. 주제와는 별로 상관이 없는 것들이라고는 하였다.

D	D는 만두, 딸기, 십자가, 두더지와 절구통, 밥상을 만들었다. 십자가는 힘들 때 신앙의 힘으로 견뎌냈기 때문에 표현을 했고, 두더지는 젊은 시절에 밭일을 할 때가 생각나고 절구통과 밥상은 힘들게 일하던 시절이 생각나서 만들어 보았다고 하였다.
E	E는 젊은 시절 만두를 많이 만들어 먹었다며 만두를 만들었다. 항상 찬양을 부르며 신앙의 힘으로 살아왔음을 이야기 하였다.
F	F는 십자가와 고슴도치와 돌탑을 만들었다. 십자가는 신앙의 힘으로 어려움을 극복한 것을 나타내고, 고슴도치가 바위 틈에서 얼굴을 내밀고 자신을 보고 있는 모습과 자신이 쌓은 돌탑을 만들었다고 하였다.

참고문헌

강승구 (2016). 가정·직장갈등이 직무만족에 미치는 영향과 회복탄력성의 조절효과에서 에니어그램 성격유형과 직업군별 비교. 서울벤처대학원대학교 박사학위논문.

강창실 (2008). 청소년의 자아탄력성과 학교적응과의 관계. 공주대학교 교육대학원 석사학위논문.

계보경, 박태정, 차현진 (2016). 4차 산업혁명 시대 it 융합 신기술의 교육적 활용 방안 연구. 연구보고 RR 2016-7. 한국교육학술정보원.

고유미 (2011). 어머니의 양육스트레스 및 회복탄력성과 유아의 자기통제간의 관계. 경원대학교 일반대학원 석사학위논문.

곽소영, 변영순 (2013). 혈액암 환자의 회복탄력성에 영향을 미치는 요인. 성인간호 학회지. 25(1), 95-104.

교육부 (2016). 지능정보사회에 대응한 중장기 교육정책의 방향과 전략(시안). 2016년 1월 발표자료. 교육부.

구민준 (2016). 성인의 스트레스와 스마트폰 중독의 관계: 마음챙김과 회복탄력성의 효과를 중심으로. 가톨릭대학교 석사학위논문.

구자은 (2000). 자아탄력성, 긍정적 정서 및 사회적지지와 청소년의 가정생활적응 및 학교생활적응과의 관계. 부산대학교 대학원 석사학위논문.

구희정 (2010). 그림책을 활용한 유아탄력성 증진 프로그램의 구성과 적용. 중앙대학교 대학원 박사학위논문.

권수현 (2010). 유치원 교사의 회복탄력성(resilience) 분석, 석사학위논문. 대구대학교.

권혜경, 김신향, 박시현 (2017). 한국 간호사의 회복탄력성과 관련된 변인의 메타분석. 임상간호연구, 23(1), 100-109.

김경수, 김화경(2011). 부모의 양육태도가 고등학생의 자아존중감 및 자아탄력성에 미치는 영향. 교육연구, 19(2), 143-170.

김경희, 주현주 (2013). 아동의 회복탄력성이 사회적 문제해결능력, 심리사회적 적응에 미치는 영향. 한국아동권리학회, 17(3), 437-457.

김나미 (2016). 목회자 사모의 심리적 안녕감이 영적 안녕감에 미치는 영향: 회복 탄력성과 사회적지지의 매개효과. 한국콘텐츠학회, 16(2), 673-685.

김미향 (2009). 중학생을 위한 자아탄력성 증진 프로그램. 상담학연구, 44(1), 343-356.

김민규, 김주환, 신우열 (2009). 회복탄력성 검사지수의 개발 및 타당도 검증. 한국청소년연구, 20(4), 150-131.

김봉섭, 김현철, 박선아, 임상수 (2017). 4차 산업혁명시대, 지능정보사회의 '디지털 시민성

(Digital Citizenship)'에 대한 탐색. 2017 KERIS 이슈리포트 연구자료 RM 2017–6. 한국교육학술정보원.

김새실 (2017). 유치원 교사의 회복탄력성에 대한 인식과 경험, 석사학위논문. 이화여자대학교 교육대학원.

김수진 (2016). 가정환경 위험요인과 아동의 문제행동의 관계에서 자아탄력성과 교사애착의 중재효과. 가천대학교 대학원 박사학위논문.

김정희 (2006). 청소년의 생활스트레스 및 자아탄력성과 인터넷 중독 성향과의 관계, 대구대학교석사학위논문.

김지인, 변영순 (2013). 대장암 환자의 회복탄력성에 영향을 미치는 요인. 종양간호 학회지, 13(4), 256–264.

김진숙 (2017). 4차 산업혁명 대응 미래교육 방향. 4차 산업혁명 대응 미래교육을 말하다. 연구자료 RM 2017–7. 한국교육학술정보원.

김혜성 (1997). 회복력(resilience) 개념 개발. 대한간호학회지, 28(2), 403–413.

노치경, 홍혜영 (2016). 회복탄력성이 역경 후 성장에 이르는 과정에서 정서인식명확성, 의도적 반추와 문제중심대처의 매개효과. 상담학연구, 17(6), 1–20.

도우영 (2019). 아버지의 양육태도가 초등학생 자녀의 자아존중감과 회복탄력성에 미치는 영향. 석사학위논문, 대구가톨릭대학교 상담대학원.

문선화, 구차순, 박미정, 김현옥 (2012). 한국사회와 아동복지. 개정판, 양서원.

문인호, 박숙경, 정정미 (2013). 임상간호사의 회복탄력성이 직무열의와 소진에 미치는 영향. 간호행정학회지, 19(7), 439–450.

민경환, 이옥경, 이주일, 김민희, 장승민, 김명철 (2015). 정서심리학. 박영스토리.

박남기 (2017). 4차 산업혁명기의 교육개혁 새 패러다임 탐색. 교육학연구, 55(1), 211–240.

박동필, 이지연 (2016). 보육교사의 감정노동과 소진 간 관계에서 회복탄력성의 효과. 미래유아교육학회지, 23(2), 53–70.

박보경 (2013). 대학생의 탄력성, 삶의 의미, 의도적 반추 및 외상 후 성장의 관계. 경북대학교. 석사학위논문.

박연수 (2003). 이혼가정 청소년의 학교적응에 영향을 미치는 요인에 관한 연구. 이화여자대학교 대학원 석사학위논문.

박영아 (2014). 아동의 자아탄력성이 학교적응에 미치는 영향: 자아개념에 의한 스트레스의 조절된 매개효과. 아동학회지, 35(3), 1–14.

박영숙 (1998). 노인급식제도 개발을 위한 농촌 노인의 식생활 양상 기초조사. 대한지역사회영양학회지, 4(0), 37–45.

박원주 (2010). 자아탄력성이 내재화 및 외현화 문제에 미치는 영향: 인지적 정서조절과 긍정 및 부정정서의 매개 효과. 미간행 박사학위논문. 연세대학교 대학원.

박정숙 (2013). 회복탄력성이 노인우울과 자살생각에 미치는 영향. 미간행사학위논문. 대구한의대학교 대학원.

백유성 (2016). 한국철도공사 구성원들의 회복탄력성이 직무만족과 조직몰입에 미치는 영향. 질서경제제저널, 18(4), 129 – 146.

서해석 (2006). 고등학생의 자살생각에 영향을 미치는 요인에 관한 관찰. 사회복지개발연구, 12(2), 149 – 174.

서혜숙 (2017). 디지털교과서의 현재와 미래. 4차 산업혁명 대응 미래교육을 말하다. 2017 KERIS 이슈리포트. 연구자료 RM 2017 – 7. 한국교육학술정보원.

서현석 (2014). 아버지의 양육태도가 후기청소년 자녀의 자아존중감, 대인관계능력과 회복탄력성에 미치는 영향. 박사학위논문, 서울벤처대학원대학교.

성태제 (2017). 4차 산업혁명시대의 인간상과 교육의 방향 및 제언. 교육학연구, 55(2), 1 – 21.

송인혜, 김혜리, 조경자, 이수미, 박수진 (2008). 얼굴표정을 통한 정서 상태 읽기 능력의 성인기 발달. 한국심리학회 학술대회 자료집, 2008(1), 96 – 97.

송정애, 장정순, 이하나 (2014). 병사들의 가족기능과 군생활적응의 관계에서 회복탄력성의 매개효과. 한국군사회복지학, 7(1), 63 – 95.

신나연 (2015). 관상동맥질환자의 건강통제위, 회복력, 사회적지지와 건강증진행위 간의 관계. Korean Journal of Adult Nursing, 27(3), 294 – 303.

신동훈 (2017). 제4차 산업혁명과 뇌 – 기반 교육. 교육비평, (39), 386 – 421.

신재한 (2016). 뇌과학적 고찰을 통한 뇌교육 기반 인성교육 방향 탐색. 아동교육, 25(2), 365 – 381.

신주희 (2015). 응급실 간호사의 회복탄력성, 공감만족과 공감피로. 아주대학교 석사학위논문.

심수연, 김용수 (2015). 불안정 성인애착과 생활스트레스의 관계: 회복탄력성의 매개효과. 상담학연구, 16(5), 95 – 105.

안인영 (2005). 청소년의 자기효능감, 가족건강성, 학교생활적응과 우울과의 상관연구. 경희대학교 석사학위논문.

안종배. (2017). 4차 산업혁명에서의 교육 패러다임의 변화. 미디어와 교육, 7(1), 21 – 34.

오수현 (2017). 극놀이를 활용한 유아 자아탄력성 증진 프로그램 개발 및 효과. 광주대학교 대학원 박사학위논문.

유명숙 (2016). 임상간호사의 일터영성과 감성지능이 조직시민 행동에 미치는 영향. 보건

의료산업학회지, 10(2), 59－70.

윤 진(1983). 노년기의 심리적 특성: 핵가족화와 노인복지. 한국인구보건 연구원, 13(1), 4－13.

이경미 (2015). 유아교사의 의사소통능력과 회복탄력성과의 관계. 아주대학교 석사학위논문.

이경희, 이소우 (2005). Resilience(회복력) 개념분석. 스트레스연구, 13(1), 9－18.

이다혜 (2016). 공립유치원교사의 직무스트레스 및 회복탄력성 관계, 석사학위논문. 한국
    교원대학교.

이방실, 강수경, 정미라 (2016). 유치원 교사의 회복탄력성과 교사－유아 상호작용의 관계
    에서 심리적 소진의 매개효과. 열린교육연구, 24(3), 75－94.

이보미 (2011). 청소년의 또래관계 질 및 자아탄력성과 정서지능. 단국대학교 석사학위논문.

이은미 (2002). 부모－자녀 유대관계와 아동의 자아탄력성과의 관계 영남대학교 대학원 석
    사학위논문.

이정숙, 박현숙 (2013). 국내 탄력성 연구 동향분석: 가정학 계열 학회지와 심리학회 게재
    논문을 중심으로(2000~2013). 한국아동심리치료학회, 8(2), 23－41.

이지현 (2012). 만5세 유아의 회복탄력성과 부모의 회복탄력성의 경향과 관계. 이화여자대
    학교 교육대학원 석사학위논문.

이진오 (2008). 청소년의 여가활동 참가에 따른 자아 탄력성이 자살 위험에 미치는 영향.
    고려대학교 대학원 박사학위논문.

이 청 (2017). 보육교사의 회복탄력성, 어린이집 내의 대인관계가 역할수행에 미치는 영향.
    가톨릭대학교 석사학위논문.

이해리, 조한익 (2005). 한국 청소년 탄력성 척도의 개발. 한국청소년연구, 16(2), 161－206.

이호근 (2008). 아동의 정신건강을 위한 아동복지 관련 법과 방향. 법학연구, 27, 193－216.

이희락 (2017). 낙관성, 회복탄력성, 삶의 의미가 성인의 긍정적 정신건강에 미치는 영향.
    한국외국어대학교 석사학위논문.

이희완 (2012). 한국 노인의 여가활동 참가와 웰빙의 관계에서 회복탄력성이 매개 효과.
    한국운동 재활학회지. 3－17.

임양미 (2013). 빈곤가정 청소년의 자아탄력성 및 자아존중감에 영향을 미치는 변인 탐색.
    한국가정과교육학회지, 25(2), 147－167.

임정민 (2017). 중소병원 간호사의 임상수행능력이 고객지향성에 미치는 영향: 회복탄력성
    의 매개효과. 남부대학교 석사학위논문.

임종헌, 유경훈, 김병찬 (2017). 4차 산업혁명사회에서 교육의 방향과 교원의 역량에 관한
    탐색적 연구. 한국교육, 44(2), 5－32.

임창현, 이희수 (2013). 상사의 비인격적 감독 행동이 조직효과성에 미치는 영향: 상사신뢰

의 매개효과와 회복탄력성이 조절효과를 중심으로. HRD연구, 15(3), 85–115.

장경문 (2003). 자아탄력성과 스트레스 대처방식 및 심리적 성장환경의 관계. 청소년학연구, 10(4), 143–161.

장인순 (2006). 일부 지역사회 독거노인의 여가활동유형과 건강상태, 자아존중감, 사회적 지지와 관계 연구, 한국보건간호학회지, 13(3), 51–71.

장휘숙 (1993). 자기효율성의 특성에 관한 관련연구의 개관. 한국 심리학회지 발달, 6(2), 16–28.

전은희 (2008). 어머니–자녀 상호작용과 유아의 탄력성과의 관계. 숙명여자대학교 대학원 박사학위논문.

조현국 (2017). 4차 산업혁명에 따른 대학교육의 변화와 교양교육의 과제. 교양교육연구, 11(2), 53–89.

홍선주, 이명진, 최영진, 김진숙, 이인수 (2016). 지능정보사회 대비 학교 교육의 방향 탐색. 연구자료 ORM 2016–26–9. 한국교육과정평가원.

홍성원 (2017). 군 간부의 회복탄력성과 사회적지지 수준에 따른 군 적응의 차이: 육군초급 부사관을 중심으로. 충남대학교 석사학위논문.

한경호 (2016). 제4차 산업혁명과 교육. 제4차 산업혁명 시대와 여성인재 양성. 2016 추계학술세미나집. (사)전국여교수연합회, 128–146.

한동승 (2016). 4차 산업혁명 시대, 대학 교육과 콘텐츠. 인문콘텐츠, (42), 9–24.

한병래 (2016). 청소년이 지각하는 자아탄력성, 부모 역할책임 의식이 학교생활 적응에 미치는 영향: 가정건강성의 매개효과를 중심으로. 한서대학교 대학원 박사학위논문.

한선영 (2015). 회복탄력성, 일–삶 균형과 직무만족의 관계. 고려대학교 석사학위논문.

한은미 (2016). 4차 산업혁명 시대, 노동시장의 위기와 기회. 제4차 산업혁명 시대와 여성인재 양성. 2016 추계학술세미나집. (사)전국여교수연합회, 112–124.

허선윤, 이숙 (2010). 집단치료놀이 프로그램이 초등학교 1학년 아동의 자아탄력성과 내면화 장애에 미치는 효과. 놀이치료연구, 14(3), 75–92.

황미선 (2014). 부모의 양육태도에 대한 초등학생의 인식과 회복탄력성의 관계. 석사학위논문, 전북대학교 교육대학원.

황은혜 (2014). 어머니의 심리적 통제와 행동통제가 청소년의 또래관계의 질에 미치는 영향: 자아탄력성의 조절효과를 중심으로. 건국대학교 석사학위논문.

황해익, 탁정화, 홍성희 (2013). 유치원 교사의 회복탄력성, 교사효능감 및 직무만족도가 행복감에 미치는 영향. 유아교육학논집, 17(3), 411–432.

Alvord, M. K., & Grados, J. J. (2005). Enhancing Resilience in Children: AProactive Approach. Professional Psychology: Research and Practice, 36(3), 238−245.

Averill, J. R. (1994). In the eyes of the beholder. The nature of emotion: Fundamental questions, 7−14.

Averill, J. R. (2012). Anger and aggression: An essay on emotion. Springer Science & Business Media.

Berkowitz, L., & Harmon−Jones, E. (2004). Toward an understanding of the determinants of anger. Emotion, 4, 107−130.

Berger, B .G . & Hecht, L. M. (1990). Exercise, aging and psychological well−being: The mind−body question. In A. C. Ostrow (Ed.), Aging and Motor Behavior(pp. 307−323).

Block, J. H., & Block, J. (1980). The role of ego−control and ego−resiliency in the organization of behavior. In W. A. Collins(Ed.), Minnesota Symposia on child Psychology 13, 39−101.

Block, J. H., & Kremen, A. M. (1996). IQ and ego−resiliency: Conceptual andempirical connection and separateness. Journal of Personality and Social Psychology, 70(2), 349−361.

Bolton, K. W., Praetorius R. T., & Smith−Osborne A. (2016). Resilience protective factors in an older adult population: A Qualitative Interpretive Meta−Synthesis. Social work research, 40(3), 171−182.

Bromley, E. (2005). Elements of Dynamics V: Resiliency and the Narrative.Journal of The American Academy of Psychoanalysis and Dynamic Psychiatry, 33(2), 389−404.

Brooks, R. B., & Goldstein, S. (2001). Raising resilient children: Fostering strength, hope, and optimism in your child (pp.3−11). New York, NY: Contemporary Books.

Cannon, W. B. (1916). Bodily changes in pain, hunger, fear, and rage: An account of recent researches into the function of emotional excitement. D. Appleton.

Cassidy, J., & Shaver, P. R. (Eds.). (2002). Handbook of attachment: Theory, research, and clinical applications. Rough Guides.

Deater−Deckard, K., lvy, L., & Smith, J. (2004). Resilience as gene−environment. transactions. In S. Goldstein & R. Brooks (Eds.), Handbook of resilience in children(pp.49−63). New York, NY: Plenum Press.

Downes, L., & Nunes, P. (2014). Big bang disruption: Strategy in the age of devastating innovation. Penguin.

Dyer, J. G., & McGuinnerss, T. M. (1996). Resilience: Analysis of the Concept. Archives of Psychiatric Nursing, 5, 276－282.

Egeland, B., Carlson, E., & Sroufe, L. A. (1993). Resilience as process. Development and Psychopathology, 5, 517－528.

Frijda, N. H. (1986). The emotion. London: Cambridge University Press.

Gable, S. L., & Haidt, J. (2005). What (and why) is positive psychology? Review of General Psychology, 9(2), 103－110.

Garmezy, N. (1993). Children in Poverty: Resilience despite risk. Psychiatry, 56, 127－136.

Garmezy, N. (1993). Vulnerability and resilience. In D. C. Funder, R. D.Parke, C. Tomlinson－Keasey, & K. Widaman(Eds.), Studying lives through time: Personality and development(pp.377－398).Washington, DC:American Psychological Association.

Garmezy, N., & Rutter, M. (1985). Acute reactions to stress. In M. Rutter &L. Hersov(Eds.), Child and adolescent psychiatry: Modern approaches (2ed.) (pp.152－176). Oxford, UK: Blackwell Scientific.

Grant, G., Ramcharan P., & Flynn M. (2007). Resilience in families with children and adult members with intellectual disabilities: Tracing Elements of a Psycho－Social Model. Journal of applied research in intellectual disabilities. 20, 563－575.

Hobfoll, S. E. (2002). Social and psychological resources and adaptation. Review of General Psychology, 6, 307－324.

James, W.(1984). What is an emotion?, Mind, 9, 188－205.

Jensen, E. (2007). Introduction to brain－compatible learning. Corwin Press.

Kagan, J. (1984). The nature of the child. Basic Books.

Keltner, D., & Shiota, M. N. (2003). New displays and new emotions: A commentary on Rozin and Cohen(2003). Emotion, 3, 86－91.

Kim, S. I. (2006). Brain－based Learning Science: What can the Brain Science Tell us about Education?. Korean Journal of Cognitive Science, 17.

Kleinginna, P. R., & Kleinginna, A. M. (1981). A categorized list of emotion definitions, with suggestions for a consensual definition. Motivation and emotion, 5(4), 345－379.

Klohnen, E. C. (1996). Conceptual analysis and measurement of the construct of ego-resiliency. Journal of personality Social Psyhology, 70(5), 1067-1079.

Lazarus, R. S. (2001). Relational meaning and discrete emotions. In K. R. Scherer, A. Schorr, & T. Johnstone (Eds.), Appraisal processes in emotion (pp. 37-67). New York: Oxford University Press.

Lazarus, R. S., & Lazarus, R. S. (1991). Emotion and adaptation. Oxford University Press on Demand.

LeDoux, J. E. (1989). Cognitive-emotional interactions in the brain. Cognition & Emotion, 3(4), 267-289.

Lee, J. H., Nam, S. K., Kim, A-R., Kim B., Lee, M. Y., & Lee, S. M. (2013). Resilience: A Meta-Analytic Approach. Journal of Counseling & Development, 91, 269-279.

Luthar, S. S., & Cicchetti, D. (2000) The construct of resilience: Implications for interventions and social policies. Development and Psychopathology, 12(4), 857-885.

Mak, W. S., Ng, S. W., & Wong, C. Y. (2011). Resilience: Enhangcing well-being through the positive cognitive triad. Journal of CounselingPsychology, 58(4), 610-617.

Masten & Gewirtz. (2006); Reivich & Shatte, 2003.

Masten, A. S., Best K., & Garmezy, N. (1990). Resilience and development: Contributions from the study of children who overcome adversity.Developmentand Psychopathology, 2, 425-444.

Masten, A. S., & Coatsworth, J. D. (1998). The development of competence infavorable and unfavorable environments: Lessons from successful children. American Psychologist, 53(2), 205-220.

Masten, A. S., & Gewirtz, A. H. (2006). Resilience in development: The importance of early childhood. Retrieved from www.child-encyclopedia.com

Masten, A. S., & Wright, M. O. (1998). Cumulative risk and protection modelsof child maltreatment. Journal of Aggression,Maltreatment & Trauma, 2(1), 7-30.(2010). Resilience over the lifespan: Developmental perspectives on resistance, recovery, and transformation. In J. W. Reich, A. J. Zautra, & J. S. Hall(Eds.), Handbook of adult resilience: Concepts,methods, and applications. New York, NY: John Wiley.

Parkinson, B. (2007). Getting from situations to emotions: Appraisal and other routes.

Emotion, 7, 21-25.

Parrott, W. G. (Ed.). (2001). Emotions in social psychology: Essential readings. Psychology Press.

Plutchik, R. (1980). A general psychoevolutionary theory of emotion. In Theories of emotion(pp.3−33). Academic press.

Plutchik, R. (1982). A psychoevolutionary theory of emotions. Social Science Information, 21, 529−553.

Plutchik, R. (2003). Emotions and life: Perspectives from psychology, biology, and evolution. American Psychological Association.

Reeve, J. (2014). Understanding motivation and emotion. John Wiley & Sons.

Rosch, E. (1987). Principles of categorization in E. Rosch & B. Lloyd. Cognition and categorization, 27−47.

Rosch, E., Simpson, C., & Miller, R. S. (1976). Structural bases of typicality effects. Journal of Experimental Psychology: Human perception and performance, 2(4), 491.

Russell, J. A. (1995). Facial expressions of emotion: What lies beyond minimal universality?. Psychological Bulletin, 118(3), 379.

Rutter, M. (1987). Psychosocial resilience and protective mechanisms. American Journal of Orthopsychiatry, 57, 316−331.

Schwab, K. (2016). The Fourth Industrial Revolution: what it means, how to respond. Paper Presented at World Economic Forum Annual Metting 2016.

Schwab, K. (2016). The Fourth Industrail Revolution. Colony/Geneva: World Economic Forum. 송경진(역). 4차 산업혁명. (2016). 서울: 새로운 현재.

Shaver, P., Schwartz, J., Kirson, D., & O'connor, C. (1987). Emotion knowledge: further exploration of a prototype approach. Journal of personality and social psychology, 52(6), 1061.

Werner, E., & Smith, R. (1982). Vulnerable but invincible: A study of resilience children. New York: McGraw−Hill.

World Economic Forum. (2016). The Future of Jobs: Employment, Skills and Workforce Strategy for the Fourth Industrial Revolution. Colony/Geneva: World Economic Forum. January 2016.

Yates, T. M., Egelland, B., & Sroufe, L. A. (2003). Rethinking resilience: A development process perspective. In S. S. Luthar(Ed.), resilience and vulnerability: Adaptation in the context of childhood adversities (pp.234−256). New York, NY: Cambridge University Press.

─── 공저자 약력

신재한
경북대학교 교육학박사
한국청소년상담학회 융합상담분과 Supervisor
국제뇌교육종합대학원대학교 뇌교육학과 교수
교육부 연구사
한국교육개발원 연구위원
한국교육과정평가원 교수학습센터 운영위원

김도경
어린이집원장
브레인 감정코칭 연구소 소장
감정코칭 전문강사

미래교육에 필요한 회복탄력성
-이론과 실제-

초판발행	2021년 1월 5일
지은이	신재한·김도경
펴낸이	노 현
편 집	조보나
기획/마케팅	오치웅
표지디자인	박현정
제 작	우인도·고철민
펴낸곳	㈜ 피와이메이트
	서울특별시 금천구 가산디지털2로 53 한라시그마밸리 210호(가산동)
	등록 2014. 2. 12. 제2018-000080호
전 화	02)733-6771
f a x	02)736-4818
e-mail	pys@pybook.co.kr
homepage	www.pybook.co.kr
ISBN	979-11-6519-107-8　93180

정 가　　　17,000원

박영스토리는 박영사와 함께하는 브랜드입니다.